JN056995

＼ 失敗事例に学ぶ ／

生活保護の現場対応Q&A

直方市役所保護・援護課
弁護士 眞鍋彰啓 ［編著］
MANABE Akihiro

発行 ⓦ 民事法研究会

は し が き

　当職は、2007年（平成19年）9月に弁護士登録後、千葉県内の法律事務所で弁護士業務を開始し、千葉県弁護士会、日本弁護士連合会それぞれの貧困や生活保護に関する問題を取り扱う委員会での活動を経験した後、2017年（平成29年）5月より福岡県直方市で任期付公務員として執務に従事しています。任期付公務員になって生活保護行政の現場で相談・支援に携わるのだ、その背中を押したのは、司法ソーシャルワークのそれこそ最前線に打って出てやるといった一時の気の迷い、もとい気概でした。現在は、市民部保護・援護課に配属され、日々、市職員からの法律相談に対応しています。

　ところで、生活保護利用者にとって生活保護はまさに命綱であり、その意味で、生活保護の担当課の職員は保護利用者の生殺与奪の権を握っているともいえます。当然、その違法行為（失敗）は保護利用者の「健康で文化的な最低限度の生活」を確実に脅かすことになりますし、その結果として、失敗した職員自身が抜き差しならない状況に陥ることもあり得ます。生活保護の担当課の業務は、非常にやりがいのある反面、責任が重く大きなリスクを伴うものなのかもしれません。

　任期付公務員になった経緯が経緯だけに、生活保護の担当課の職員には人一倍の思い入れがあります。失敗の兆候に早く気づき失敗する前に相談してほしい、失敗してもその傷口が広がり手遅れになる前に相談してほしい。そう考え、さして忙しいわけでもない就業時間の合間に、地方公務員の行為が違法だと認定された裁判事例を紹介するとともに、どうすれば失敗を避けることができたのか、その対処法をコラムの形にしてまとめ、市職員に宛てたメールマガジン形式で連載することにしました。この連載が本書のベースとなっています。

　本書では、まず、裁判事例をベースに創作した事案について、失敗の端緒から結末までを当事者職員の視点から物語形式で記述しています。事案に直面した職員の心理や理解をたどることにより、地方自治体の職員が遭遇しがちな問題や抱きがちな疑問を具体的かつ現実に即した形で洗い出すことを試みました。次に、失敗の原因と具体的な対処法をQ&A形式で説明しています。ここでは、理解しやすく役に立つことをめざし、司法試験に向けた勉強を始める前の（当然、地方公務員試験に受かるだけの知識などあろうはずもない）若かりし頃の自分に伝えるつもりで書きました。そのうえで、ベースとなった裁判事例の内容や顛末を紹介するとともに、「弁護士のひと言」として簡単なコメントを付けています。1つひとつの事案は完全に独立していますので、気が向いた事案から、肩肘を張らずに気楽に読んでみてください。

　なお、本書を世に出すことができたのは、当職の勤務する福岡県直方市において、当職の活動を寛容に認め、かつ、日々ご支援くださる大塚進弘市長、秋吉恭子副市長、古賀淳市民部長、池本隆幸保護・援護課長、加藤陽子子育て・障がい支援課長、田中克幸人事課長、江里由起子消費生活相談員をはじめとする多くの方々の存在があってのことです。深く感謝申し上げます。特に、本書のベースとなったコラムの作成にあたり、実務上の留意点、運用の実情等について、手島洋二防災・地域安全課長（当時の保護課長）よりご助言をいただきました。また、忙しい公務の中、本書の執筆作業に加わってくださった各職員の手により、現場のニーズにかなう実用的な内容に仕上げることができたと思います。重ねて感謝の言葉を贈ります。

　最後に、本書を上梓する機会を与えてくださるとともに、編集において多大な労を割いていただいた民事法研究会の南伸太郎氏に対し、この場を借りて心より御礼を申し上げます。

　本書が、全国の生活保護行政の現場で日々奮闘されている職員の方々
の一助になれば、これ以上の喜びはありません。

　2021年（令和3年）11月

眞鍋　彰啓

『失敗事例に学ぶ生活保護の現場対応Q&A』

目　次

第3章　書面による指示

第4章　相続財産と78条徴収

第8章　セクハラと懲戒処分

第9章　不当要求（接近型）への対応

第12章　SNS投稿と業務妨害

◎用語について◎

　生活保護法上の「被保護者」について、生活保護の実施機関や生活保護を取り扱う書籍では、「生活保護受給者」もしくは単に「受給者」と表記することが一般的だと思われますが、本書では、生活保護を利用することは憲法の保障する国民の権利である、その権利主体性に重きをおき、あえて「生活保護利用者」もしくは「保護利用者」と表記しています。

　さらに、本書では、特に断りのない限り、政令都市ではない市を前提に説明をしています。そのうえで、保護を行うべき市長が生活保護法19条４項に基づき保護の決定および実施に関する事務の全部を福祉事務所長に委任（権限自体が受任した福祉事務所長に移るので、福祉事務所長は自己の名と責任において委任された権限を行使するとともに、委任した市長はその限りで権限を失う）していることが多いと考えられることから、説明の便宜上、保護を行うべき「保護の実施機関」とは福祉事務所長を指します。また、市役所の生活保護担当課（市役所では、福祉事務所の組織を「保護課」、「福祉課」などにあて、「福祉事務所」の名称では見つからないことがあります）で生活保護に関する業務を行う職員で保護世帯を担当する者を「ケースワーカー」もしくは「CW（Case Worker）」、それを指導監督する職員を「査察指導員」（通常は係長級）もしくは「SV（Super Visor）」といいます。

◎凡　例◎

〔告示・通知〕

告示	昭和38年 4 月 1 日厚生省告示第158号「生活保護法による保護の基準」
次官通知	昭和36年 4 月 1 日厚生省発社第123号厚生事務次官通知「生活保護法による保護の実施要領について」
局長通知	昭和38年 4 月 1 日社発第246号厚生省社会局長通知「生活保護法による保護の実施要領について」
課長通知	昭和38年 4 月 1 日社保第34号厚生省社会局保護課長通知「生活保護法による保護の実施要領の取扱いについて」

〔文　献〕

| 手帳 | 生活保護手帳〔2021年度版〕 |
| 問答集 | 生活保護手帳別冊問答集〔2021年度版〕 |

〔判例集〕

民集	最高裁判所民事判例集
刑集	最高裁判所刑事裁判集
裁判集民	最高裁判所判例集民事
家月	家庭裁判月報
判時	判例時報
判タ	判例タイムズ
賃社	賃金と社会保障
判自	判例地方自治
裁判所HP	最高裁判所ホームページ「裁判例情報」
D1-Law	第一法規法情報総合データベース「判例体系」
TKC	TKCローライブラリー「判例総合検索」

第1章

ケース記録

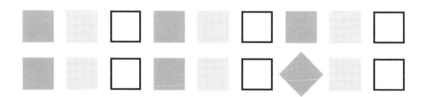

事例1-① 指示に従わない保護利用者

　X市福祉事務所の山田CW（30歳代、男性）は、担当する保護利用者Aさん（50歳代、男性）のことを考えて苦々しい気分になった。Aさんは就労ができないほど重症ではないものの糖尿病を患い通院しているため、山田CWとしても、気を遣い、できるだけ優しい言葉遣いで求職活動を行うよう諭すのだが、その都度、Aさんは舌打ちをするなど反抗的な態度を隠そうともせず、時には憎まれ口まで叩くのであった。

　ある日、Aさんが真摯に求職活動しないことについて、山田CWがSVに相談したところ、面談時のAさんの様子をきちんと記録に残すようアドバイスを受けた。山田CWは、「記録に残したところでAさんの態度は変わりませんよ」と喉まで出かかったが、反論するのも面倒だと思い、SVのアドバイスに従うことにした。

　その後、山田CWは、Aさんとの面談の都度、「求職活動について（主）に尋ねると、舌打ちをし、『のんびりやらせてくれ』と非常に態度が悪く、就労意欲を感じなかった」、「『もう一社、がんばって面接に行きましょう』と声がけすると、（主）は不満げな様子」など、Aさんの言動についてケース記録に事細かに記入するようになった。

Q1● ケース記録に記載すべき事項

　　　　Aさんに限らず、対応の難しい保護利用者についてSVに相談すると、きちんとケース記録に残すようアドバイスを受けることが多いのですが、何を記録に残すべきかまではなかなか具体的に指導しても

らえません。どのような点に特に気をつければよいか、教えてください。

A 1

ケース記録を残す目的については、一般的に、

① 生活保護制度を使った支援の法的根拠となる客観的事実（例：保護利用者の生活状況）を記録としてまとめておくため

② 記録を読み返すことで、統一性・持続性・客観性を確保した、よりよい支援へのヒントをみつけやすくするため

③ 地区担当員が交替しても支援の統一性・持続性を確保できるよう、適切にケースを引き継ぐため

④ 査察指導員（SV）が支援の過程、問題の捉え方、方向性について的確に把握することで、査察指導員によるケースワーカーへの指導助言に役立てるため

⑤ ケースカンファレンスの基礎資料として役立てるため

だと考えられています。[1]

そして、特に指導指示に従わない対応の難しい保護利用者に関しては、書面による指導指示（生活保護法施行規則19条）→弁明の機会の付与（生活保護法62条4項）→保護の停止・廃止（生活保護法62条3項）→審査請求→処分取消しの訴え、という今後予想される一連の手続を見据えて記録を残す必要があります。つまり、ケース記録は、SV、保護課長、福祉事務所長、審理員、裁判官など手続に関与する誰が読んでも、保護の停止・廃止の処分がその要件を満たす適法なものであると理解できる内

1　全国公的扶助研究会監修・吉永純=衛藤晃編著『よくわかる生活保護ガイドブック②Q&A生活保護ケースワーク支援の基本』（明石書店、2017年）67頁以下。

容でなければなりません。

　具体的には、面接時の保護利用者の言動だけではなく（それももちろん大事ですが）、ケースワーカーとして、具体的にどのような内容の指導指示をしたか、指導指示の目的についてどのように説明したか、保護利用者が指導指示の内容と目的を理解できているかについてどのように確認したか、指導指示に従わない理由についてどのように説明を求めたかなどを意識して記録に残しておくとよいでしょう。また、このように意識することによって、必ずしも指導指示に従わない保護利用者にのみ非があるのではなくて、あなた自身のケースワークのあり方にも改善すべき点があると発見できるかもしれません。

30.10.20	就労指導
	（主）が来庁したので、少なくとも月2回以上、企業の採用面接を受けるよう指導したが、（主）は不満気な様子。企業の都合もあるし、応募しても面接に呼んでもらえない場合もあるだろうが、希望に沿う求人を毎月20近く紹介しているのだから、努力すれば実現可能な数字であること、結果として採用されないことは責めないが、努力は続けてもらいたいことを説明すると、黙ってうなずいた。求職活動で困っていることは無いか尋ねたところ、元々が夜型の人間で面接が午前中だとしんどいとのこと。それなら夜勤の仕事を探してみてはどうかと伝えると、（主）は「夜職でもいいんですか」と言って驚いていた。

担当	30.10.22	係長	30.10.22	課長	30.10.22	所長	

　たとえば、上記のような内容のケース記録を残していれば、山田CWが月2回以上採用面接を受けることを目標として設定し指示したこと、不満気なAさんに対し、目標が実現可能である理由、結果だけでなく努力することが重要であると伝えたこと、夜勤の仕事は認められないとAさんが誤解していたことなどが読み取れるので、指導指示の適法性を裏

4

づけることができるほか、Aさんの就労意欲を引き出すために夜勤の仕事を中心に求職活動を勧めるなど、山田CWの就労指導のあり方を改善するヒントにもできたはずです。

　本ケースの場合、Aさんに対する苦々しい思いの表れなのでしょうが、Aさんに非があるんだと、Aさんの言動に意識が集中するあまり、山田CWがAさんに対してどのように働きかけたのかが読み取れない内容の記録になってしまっているように感じます。

Q2 ● ケース記録に記入すべき時期

　　　　日常業務に追われるあまり、ケース記録への記入がついつい後回しになりがちです。私は記憶力には自信があるほうなので、そのうち手が空いたらまとめて記入しようと考えているのですが、問題ないでしょうか。

A2

　家庭訪問、面接、電話をしたら、その都度、ケース記録に残すよう口うるさく指導されているのではないでしょうか。これは、何も、時間が経てば記憶が曖昧になり、記録の内容も不正確になりがちである（当然、都度、適切に記入されていなければ、ケース記録の信用性は低くなります）、そのことだけを問題にしているわけではありません。

　というのも、ケース記録は、①各地方自治体の個人情報保護条例に基づく個人情報開示請求、②弁護士法23条の2に基づく照会、③民事訴訟法234条に基づく証拠保全手続（訴訟提起前であっても証拠保全申立ては可能）の方法により、当該保護利用者あるいはその代理人弁護士から開示

を求められることがあります。

　いずれの方法による場合であっても、開示請求を求められた、その時の状態のままでケース記録を開示する必要があります。いったん開示を求められた後、ケース記録に加筆・訂正、あるいは記録の差替えを行うと、記録の改ざん行為とみなされる危険が大きいほか、ケース記録そのものの信用性（証拠としての価値）が著しく減退することは避けられません。

　本ケースの場合は特に、山田CWがAさんのことを苦々しく思っているということは、Aさんのほうでもまた山田CWの指導指示に不満をもっている可能性が高い、つまり、一触即発の状況といえます。ケース記録の開示請求は後の紛争に備えて行われるものですから、そういう意味で、いつ何時ケース記録の開示が求められてもおかしくない状況にあるわけです。

　したがって、ケース記録への記入は、記憶力に自信があるからといって、後回しにすることなく、その都度、適切に行うことを強くお勧めします。

Q 3 ● ケース記録の訂正

　　　　　　　後日になって、ケース記録の記載の内容に誤りを発見した場合、どのような方法で訂正すればよいか、教えてください。

A 3

　ケース記録の訂正が改ざん行為であるとの誤解を招くことがないよう対処する必要があります。具体的には、元の記載の内容が後日確認でき

なくなるような方法（例：修正液の使用、記録の差替え）は避け、訂正箇所を二重線で消すようにします。それと同時に、訂正の是非が問題となった場合に、その訂正が改ざん行為ではない、適正なものであることが説明できるよう備えておく必要があります。訂正するだけではなく、訂正の理由、訂正した者の氏名（署名押印）、訂正した日時についても、下記のように、あわせて記録に残しておくべきでしょう。

30.9.21	申請書受理について
	主・~~主の姉~~が来庁し、申請書一式を提出したため、これらを受理した　　　　　　主の母
	本日の主聴き取りにより、申請時に来庁した者は「主の姉」ではなく「主の母」であると確認した
	30.10.19 山田 太郎　㊞

担当	30.10.5 ㊞	係長	30.10.5 ㊞	課長	30.10.5 ㊞	所長	

当然、ケース記録の訂正後には、下記のように、訂正についても決裁を得ておくべきです。

30.10.19	ケース記録訂正
	30.9.21「申請書受理について」を一か所訂正した。

担当	30.10.19 ㊞	係長	30.10.19 ㊞	課長	30.10.19 ㊞	所長	

事例1-② 保護の廃止にあたって

　山田CWがAさんに対し、その希望を聴いたうえで、希望に沿う求人票を20通程度渡しても、Aさんは、そのうち3～4社にしか応募せず、また、応募しても面接を無断で欠席したり、何とか面接に出席しても履歴書を持参しなかったりと、まるで努力をする姿勢を見せなかった。当然、就職が決まる気配など微塵もない。そのようなことが6か月も続いたため、山田CWは、もはやAさんにまじめに就労する意思はないし、その態度は改まらない、と確信するとともに、Aさんの担当を続けることにうんざりする気持ちになっていった。

　ある日、業を煮やした山田CWがSVに相談したところ、保護を廃止する前提で手続を進めることになった。山田CWは、SVの指示に従い、Aさんに対し、求職活動を誠実に行い、その内容を適宜報告するよう指示する書面を送付した。

　さらに2か月経ったが、Aさんの態度が変わらないため、就労指示違反を理由に弁明の機会を付与することとし、弁明のための聴聞会を開催することになった。

　聴聞会の日、Aさんは、来庁するなり、応対した山田CWに「今日は何なんですか」といらだった口調で言った。Aさんとて、「弁明の機会ですよ」、そんな説明が聞きたいわけではないだろう。山田CWは、「そんな態度でいられるのも今のうちですよ」と内心思いながら、Aさんを会議室に案内した。聴聞会が始まり、山田CWがAさんに対し、「就労意欲が低いのではないですか」、「改めるつもりはありませんか」と尋ねたところ、Aさんは「こっちにだって、いろいろとあるんですよ」と言ったきり黙り込んでしまった。このとき、

山田CWは、Aさんが山田CWをずっと睨み付けているように感じて、さすがに腹が立ってきた。

聴聞会直後、ケース診断会議が開かれた。山田CWは、会議中ずっと、聴聞会でのAさんの態度を思い出しては、腹立たしい気持ちを何とか抑えることに集中していた。結局、就労指示違反を理由に、Aさんの保護を廃止することが決定され、会議を終えた。

会議後、ケース記録を作成する段になって、山田CWは、議論に集中にしていなかったためか、協議した内容をよく思い出せないことに気がついた。仕方がないので、「ケース診断会議開催　Aさんは聴聞会でもふてくされた態度で、一向に改善の余地は認められない。保護廃止もやむなしとの結論に達した」とのみケース記録に記入した。

Q4● 保護の停止・廃止処分をするに あたって検討すべき事項

書面による指示（生活保護法27条1項、生活保護施行規則19条）違反を理由に保護の停止または廃止の処分をする場合（生活保護法62条3項）、あらかじめどのような事項について検討しておく必要がありますか。

保護を停止または廃止する処分は、保護利用者の生活の維持にかかわり、その利益に重大な影響を及ぼすものですから、福祉事務所長は、指示違反があれば、どのような処分でも行えると理解すべきではありません。①処分の根拠となった指示の内容が相当なものか、②指示違反に至る経緯、③指示違反の悪質性、④処分が与える保護利用者世帯の生活の

困窮の程度等を考慮し、当該保護利用者に対する適切な処分を慎重に判断する必要があります。

　加えて、保護の廃止処分は、保護の実施を終了させる、保護利用者にとって最も重い処分です。他方で、より不利益の小さい保護の停止にとどめて、その間、当該保護利用者を再度指導等して、それでも指示した内容が遵守されなければ保護を廃止するといった対応をとることも可能なわけですから、保護廃止処分をするにあたっては、⑤保護停止ではなく保護廃止を選択する理由を具体的に検討することが求められます。

　当然のことながら、これら検討した内容はケース記録にきちんと記入しておくべきでしょう。

事例1-③ 初めての証人尋問

　保護廃止処分がされた後、Ａさんは、Ｘ市を被告として保護廃止処分の取消し等を求める訴訟を提起した。訴訟では、Ｘ市福祉事務所長が、保護廃止処分に先立ち、Ａさんにとってより不利益の小さい保護停止処分にとどめることについて具体的に検討をしたのか否かが争点の一つとなった。

　山田CWは、Ｘ市の代理人弁護士との打合せの中で、何度も、Ａさんの保護廃止処分を決めたケース診断会議での協議の内容について確認を求められた。当初こそ、そんな何か月も前のことを聴かれても、と戸惑う気持ちもあったが、打合せを重ねるうちに、やがて、そんな重要なことを協議しなかったはずがない、いや、間違いなく協議したはずだ、との思いを強くしていった。

　そして、山田CWに対する証人尋問期日、主尋問を終え、Ａさん代理人による反対尋問が始まった。

＊

代理人　「あなたは、あなたとの面談の際のＡさんの様子について、ケース記録に事細かに記入されていたようですが、それはどうしてですか？」

山田CW「当時、ひょっとしたらＡさんを処分する、そういうことになる可能性もあると考えていましたので、後々、問題が起きないように、きちんと記録を残すことを心がけていました」

代理人　「重要だから記録に残す必要がある、そう考えていたということですか？」

山田CW「そうです」

11

代理人　「すばらしい心がけですね。では、話を変えて、聴聞会後のケース診断会議において、保護の廃止とするか、それとも停止にとどめるか、協議はされましたか？」

山田CW「当然、しました」

代理人　「間違いないですか？」

山田CW「Of course、間違いありません」

裁判官　「証人、回答は日本語でお願いします」

山田CW「すみません。昨日、英会話のレッスンがあったもので、つい」

代理人　「気を取り直して、保護の廃止とするか、それとも停止にとどめるか、その協議をきちんとすることが重要だという認識はありましたか？」

山田CW「もちろんです」

代理人　「ところで、その協議の内容について、ケース記録に記載がないようですが……」

山田CW「あっ……」

Q5● ケース記録の証拠価値（信用性）

担当ケースについて裁判になったとき、ケース記録に記載されている内容はどの程度信用されるものなのでしょうか。

A5

　裁判官は、当事者双方の主張する事実に食い違いがある場合、証拠に基づき事実を認定します。そして、裁判官は、人の記憶は曖昧で、かつ、都合よく書き換えられることが日常茶飯事であることを知っています。

そのため、裁判実務では、当事者の供述・証人の証言よりも、動かざる証拠である書証のほうが証拠としての価値（信用性）は遙かに高いと考えられています。

　そして、裁判官は、ケース記録のように、行政職員が通常の業務の過程で、業務を行う都度、経過する時間順に反復・継続して記入していく方法で作成する文書については、類型的に虚偽や誤記が介在する危険が少ないため、高い信用性があると評価する傾向にあります。

　つまり、訴訟では、ケース記録に記載された内容に沿う事実が存在したと認定される蓋然性が高く（ただし、Ｑ２で述べたとおり、ケース記録の信用性に疑義が生じる場合もあります）、その一方で、ケース記録に記載のない事実に関しては、それが重要な事実であればあるほど、裁判官に対し、そんな重要な事実が存在したのであれば、ケース記録に記載がないのは不自然である、福祉事務所の職員は事実が存在したと証言するが、そのような証言内容は信用できない、といった印象を与えることになります。

　本ケースの場合、Ａさん代理人による反対尋問により、裁判官は、聴聞会後のケース診断会議において、保護の廃止とするか、それとも停止にとどめるか、協議はされていない、との心証を強くしたはずです。

▶▶▷ 実際にあった裁判事例をみてみよう①

1　事案の概要

　生活保護を利用していたＳさんが、生活保護法27条1項に基づく就労指示に従わないことを理由に、Ｙ市福祉事務所長から生活保護廃止処分を受けたことに関し、Ｙ市に対し、違法な就労指示や保護廃止処分により精神的苦痛を被ったなどと主張して、国家賠償法1条1項に基づき、330万円（慰謝料300万円＋弁護士費用30万円）等の支払いを求めて提訴し

た事案（名古屋高判平成30・10・11判時2434号23頁〔第一審：津地判平成30・3・15判時2434号26頁〕）です。

2　訴訟に至る経緯

　Sさんは、平成28年3月11日、翌12日付けで保護を廃止する処分を受けたことから、同月18日、代理人弁護士を通じて、Y市福祉事務所長に対し、廃止処分の自庁取消しを求める通知をし、同月30日、県知事に対し、廃止処分の取消しを求め、審査請求をしています。また、Sさんは、同年4月1日、廃止処分の取消しを求める訴訟を提起し、これを本案事件として、処分の効力の停止を求める執行停止の申立てをしました。

　結局、Y市福祉事務所長は、同月15日、保護廃止処分に至る手続に不十分な点が認められることを理由に、廃止処分を取り消す旨の決定をしています。

　ここで紹介する裁判事例は、Sさんおよび代理人弁護士による迅速な対応が功を奏し、保護廃止処分がその効力を生じた日の34日後に取り消された後、あらためて国家賠償請求事件として訴訟提起されたものです。

3　結論と争点

　第一審裁判所は、保護廃止処分の違法性を認めたうえで、Y市に対し、Sさんに対する5万5000円（慰謝料5万円＋弁護士費用5000円）等の支払いを命ずる判決をし、Sさん・Y市ともに控訴したものの、控訴審判決は第一審の結論を維持しました。

　Sさんに対する保護廃止処分に至る手続に不十分な点があったこと自体争いはなく、裁判では、保護廃止処分がY市に損害賠償責任を生じさせるような違法なものであったか否かが争われました（違法多元論[2]）。

　そして、Y市福祉事務所長がSさんに対する保護廃止処分をするにあたり、Sさんにとってより不利益の小さい保護停止の処分にとどめることについて具体的に検討したか否かが争点の一つとなりましたが、ケー

ス記録にそのような検討をした形跡が記録されていなかったこともあり、福祉事務所職員による「弁明手続の後のケース診断会議において、保護の停止処分とするか廃止処分とするかについて協議があった」旨の証言の信用性は否定されています。

4　弁護士のひと言

　1人のケースワーカーが100件近いケースを抱える現状を踏まえると、常識で考えたとき、個々のケース診断会議で協議した内容について、1年も2年も経った後で「思い出せ」と言われても、なかなか難しい、また、思い出せたとしても、他のケースの記憶と混同が生じていないか、自信をもって否定できるケースワーカーはほとんどいない気がします。こんなとき、ケース記録に記載があれば、それを頼りに思い出すことができますし、その記憶の正確性に説得力も出てきましょうが、ケース記録に記載もないのに、自信をもって「憶えています、間違いありません、保護の停止処分とするか廃止処分とするかについて協議がありました」と言われてしまうと、なんてすばらしい記憶力なのだろう、とならないのは当然のこと、そんな協議はされていないだろう、という心証を超えて、この人はとてつもなく思い込みの強い人で、一事が万事この調子ならば、Sさんに対する日頃の対応も大概問題のあるものだったに違いない、との印象を強くしかねません。

2　裁判実務では、たとえば、民事法上、違法と評価される行為が、他の法領域において必ずしも違法と判断されるとは限らない、各法領域において、その目的が異なり、効果も多様であることから、適法・違法の判断基準が異なっても構わないという違法多元論が採用されています。ですから、生活保護法や生活保護法施行規則に定められた手続を無視して行われた指導指示は、行政法上は違法と評価されますが、損害賠償責任の有無を判断する民事法の領域で違法と評価されるとは限りません。特定の行為の違法性を問題とするとき、行政法、民事法、刑事法、どの法領域の議論をしているのかを常に意識する必要があります。

　真実は神のみぞ知るわけですが（だからこそ、裁判所も「嘘をつけ」とまでは言わず、「信用できない」という言い方をします）、ひょっとしたら、証言をした福祉事務所職員は、就労指示および保護廃止処分は違法ではなかったと主張するY市の、むしろ足を引っ張ってしまったのかもしれませんね。

▶▶▷ 実際にあった裁判事例をみてみよう②

1　事案の概要

　保護利用者のMさんが、平成19年以降、Z市福祉事務所職員に対し、何度も通院移送費（医療機関への行き帰りに要する交通費）が支給されないかどうか質問していたにもかかわらず、職員が、長期にわたり、支給されない旨の虚偽の回答を行い、そのために、保護変更申請（通院移送費支給の申請）を行えなかったと主張して、Z市に対し、国家賠償法1条1項に基づき、通院移送費相当額および慰謝料等の支払いを求める訴訟に関連して、Mさんが、自己のケース記録が隠匿・改ざんされるおそれがあるとして、ケース記録票の証拠保全（ケース記録票の原本の確認）を求めた事案（大阪高決平成28・10・5賃社1675号10頁〔第一審：奈良地決平成28・8・29賃社1675号8頁〕）です。

2　証拠保全の申立て（民事訴訟法234条以下）

　証拠保全とは、訴訟における本来の証拠調べの時期に先がけて、裁判所がその証拠の取調べを行い、その結果を保全する手続です。「あらかじめ証拠調べをしておかなければその証拠を使用することが困難となる事情」がある場合に限り、申立てが認められます。たとえば、紛争の相手方（Z市）が、訴訟を提起されたと知ったならば、相手方が保管する相手方にとって不利益となる証拠（ケース記録）を隠したり、改ざんするおそれがある場合などに、訴訟提起に先がけて、証拠保全の申立てが

されることがあります。

3　証拠保全の実施

　たとえば、ケース記録の隠匿・改ざんのおそれがあることを理由に、市を相手方として、訴訟提起に先がけて証拠保全の申立てがされた場合、決定までのプロセスに相手方である市は関与できません（何も知らされることなく決定までの手続が進められます）。ですから、証拠保全の決定がされた場合、市にとっては青天の霹靂、何の前触れもなく突然、証拠保全が実施され、対応を余儀なくされることになります。具体的には、まず、裁判所の執行官が「証拠保全決定」という書類を持参して来庁し、その1〜2時間後には、裁判官、裁判所書記官、申立代理人などがやって来て、ケース記録について、写真撮影をしたり、庁舎内のコピー機を利用して謄写したりします。

　相手方となった市は、法律上、証拠保全への協力を強制されるものではありませんが、協力を拒否した場合、後日、訴訟でケース記録を証拠として提出しても、改ざんが疑われ、その結果、不本意な判決を受ける結果になりかねませんので、「公務員の職務上の秘密に関する文書でその提出により公共の利益を害し、又は公務の遂行に著しい支障を生ずるおそれがある」（民事訴訟法220条4号ロ）に該当する場合を除き、ケース記録の提出に応じることをお勧めします。[3]

4　証拠保全申立てに至った経緯

　Mさんが証拠保全申立てに至った経緯を整理すると下記のようになります。

3　圓道至剛『企業法務のための民事訴訟の実務解説〔第2版〕』（第一法規、2018年）29頁以下。

	訴訟外での請求	訴訟上の請求	個人情報開示手続	証拠保全手続
平成26年				
7月28日	通院移送費事後申請			
	7か月以上			
平成27年				
3月25日			個人情報開示申請	
3月27日	申請却下			
5月20日	不服申立て		**2か月**	
5月25日			開示情報の写し交付	
10月28日		訴訟提起		
11月12日	棄却裁決			
平成28年				
5月24日		第3回口頭弁論期日		
6月23日				証拠保全申立て

　Mさんは、平成26年7月28日、Z市福祉事務所長に対し通院移送費の事後申請をしたところ、7か月経ってもなお結論が出されなかったことから、おそらくZ市福祉事務所長の対応に不信感をもったのでしょうが、平成27年3月25日、自らのケース記録についてZ市個人情報保護条例に基づき開示を求めています。

　そして、偶然なのかもしれませんが（個人情報開示申請がされたのを機に、Z市福祉事務所長がうっかり忘れていた事後申請の存在を思い出したのかもしれませんが）、個人情報開示申請の2日後に通院移送費の事後申請が却下されたため、Mさんは、同年5月20日、却下決定に対する不服申立てをしました。当時の不服申立てをすることができる期間は処分を知った日の翌日から起算して2か月以内ですから、Mさんは、不服申立ての前にケース記録の内容を確認しようと、開示をギリギリまで待っていたのではないかと思われます。

　Mさんが不服申立てをした5日後である同月25日、ケース記録（写し）

の開示がされましたが、個人情報開示申請からすでに2か月が経っています。情報開示までの期間を申請のあった日の翌日から起算して14日以内と条例で定める自治体が多いことを考えると、どうして開示にこれほどの時間を要したか、不可解ではあります（Mさんが通院移送費申請却下に対する不服申立てをする前にケース記録の内容を検討する機会を奪うことを、Z市が意図していた、と考えると筋は通ります）。さらに、Z市は、Mさんがケース記録票の原本の確認を求めたのに対して（写しが開示されたとき、写しが原本と相違ないか、改ざんの痕跡がないか、原本を確認することは、当然といえば当然なのですが）、これを拒絶しています。

その後、不服申立て後3か月経っても裁決がされないことから、同年10月28日、Mさんは、裁決を待つことなく、Z市に対して通院移送費相当額および慰謝料等の支払いを求める訴訟を提起し、第3回口頭弁論期日において、Mさんが平成25年以前にケースワーカーに対して医療移送費について質問をした事実はない、したがって、職員が虚偽の回答をした事実もない、とZ市が主張したことを受けて、上記証拠開示の申立てをするに至りました。

5 結論と争点

Mさんが Z市個人情報保護条例に基づき開示を受けたケース記録票（写し）には、平成19年12月4日から平成20年10月19日までのケース記録が見当たりませんでした。大阪高等裁判所は、開示されたケース記録票（写し）には、Mさんの病気の治療状況を聴き取った旨の記載が数多くある一方で、Mさんが平成20年3月に前立腺癌を摘出するために7日間も入院しており、その前後に担当ケースワーカーがMさんの健康状態を確認するために訪問調査をし、その際のケース記録がケース記録票中に存在する可能性が高いにもかかわらず、ケース記録票（写し）に平成20年3月を含む10か月以上も長期間の空白があることはあまりにも不自

然であるとして、Mさんによる過去の相談時期や内容が明らかになることを嫌う福祉事務所職員がケース記録票（原本）の一部を隠匿・改ざんするおそれがあると認定し、証拠保全決定をしました。

6　弁護士のひと言

　証拠保全の申立てに至った経緯をみる限り、通院移送費の事後申請をしても7か月以上結論が出ない、ケース記録の開示を求めても2か月も結論が出ない、ケース記録の写しがようやく開示されても、その内容に長期間の空白があったり、原本を確認させてもらえない、このような対応をされたのでは、MさんがZ市やZ市福祉事務所長、担当ケースワーカーに不信感をもつのも当然です。

　Z市福祉事務所職員がケース記録の改ざんをしたのか否か、真実は神のみぞ知るわけですが、改ざんをしていないのだとしても、Z市側の対応には非常に問題があるといわざるを得ません。仮に筆者がZ市の代理人弁護士の立場で、Z市側から「改ざんなんてしていません。弁護士だったら、裁判官をちゃんと説得してください」などと無茶振りをされたとしたら、当然、ベストは尽くしますが、「偶然だと説明するのか？奴らは現実主義者だ。偶然の意味も知らない」[4]くらいの皮肉は言いたくなりますね。

4　リドリー・スコット監督による映画『悪の法則』（2013年）。

第2章

虚偽の報告

事例 2　虚偽の報告をする保護利用者

　ある日、Ｘ市福祉事務所（保護課）の松本ＣＷ（30歳代、男性）は、Ａさん（30歳代、女性）の生活保護申請を受理した。Ａさんは、未婚ではあるが、妊娠・出産したために職を失い、生活が困窮し、生まれたばかりの長女との２人世帯で保護申請するに至ったとのことであった。

　申請の際、松本ＣＷが長女の父親について確認したところ、Ａさんは、「この子の父親は『Ｂ』というのですが、Ｂさんは、仕事もしてなくて、住所も知りません。とりあえず認知はしてくれたんですけど、今は、こちらから電話をしても、まったく出てくれません」と回答した。松本ＣＷは、内心、しょうもない男につかまったもんやな、とＡさんに同情しつつ、念のためＢさんの携帯電話番号を聴き取り、メモを残した。

　Ａさん世帯の保護が開始され、初回の保護支給日、松本ＣＷは、Ｘ市役所の庁舎から出て行こうとするＡさんの姿を見かけた。おそらく保護課の窓口で保護費を受け取った帰りだろう。せっかくなのでＡさんに挨拶をしておこうと、Ａさんの後ろ姿を追いかけて庁舎を出たところで、男性の運転する白のジープ・ラングラーの後部座席に乗り込むＡさんの姿を目撃した。松本ＣＷは、「えらい目立つ車やないか、誰や、あの男は？」と一瞬混乱したものの、すぐに、「あれって子どものパパとちゃうんか？」と思い至った。

　松本ＣＷは、どうしても白のジープ・ラングラーの男の存在が気になり、翌日、Ａさん宅に向かった。Ａさん宅に着くと、Ａさん宅前の駐車場に白のジープ・ラングラーが駐車されていた。「こんな派手な車、そうそうないやろ、ひょっとして、あの男と一緒に住ん

どんのか？　とりあえず裏をとっとくか」と思い、ナンバープレートを写真撮影した。

　松本CWは、帰庁後、白のジープ・ラングラーについて陸運局に照会し、所有者の氏名が「Ｂ」であるとの回答を得た。疑惑が確信に変わりつつあるのを感じ、さらに裏づけ調査を進めることにした。その後の数日間、朝昼晩と定期的にＡさん宅前の駐車場を監視したところ、ほとんどの時間帯でＢさん所有のジープが駐車されていることを確認できた。また、そのうち何度かは、歳の頃は30歳代か40歳代、長身で無精髭が渋い男性がＡさん宅に出入りする姿を目撃した。松本CWは、「あれがＢさんか？」と思った。

＊

　２回目の保護支給日、松本CWは、保護費を受け取りに来たＡさんに対し、単刀直入、「この間、男性がＡさん宅に入るのを見かけました。背が高くて、髭が渋い感じの。その男性はＢさんですか？」と尋ねた。Ａさんは、特に慌てる様子を見せるでもなく、「子どもが幼くて不安も多いので、たまに知人の男性に来てもらって、外出時に車で送り迎えをしてもらっています。Ｂさんとはまったく会っていません」と答えた。さらに、「知人の男性ってどういう方ですか？」と聴くと、「知人って言っても、その人のことほとんど知らなくて。正直言うと、本名も知らないんです」と返ってくる。生まれたばかりの子どもがいるのに、本名もわからないような男を家にあげて、車で送り迎えまでさせとんのか、と内心いぶかしく思いながら、「じゃあ、その人とどうやって連絡とったりしてるんですか？」と問い返すと、Ａさんは、「携帯はわかります。その人、市内でバーを経営していて、昼はほとんど寝ているので、電話に出ないことも多いんですけど」と言うので、松本CWは、電話番号を聴き取り、とりあえずその日はＡさんに帰ってもらうことにした。

　松本CWが、「Aさんの説明はどうも腑に落ちん。でも、これやという決定打もない」と思いつつ、Aさんのケース記録を見直していると、さっきAさんから聴き取った知人男性の携帯電話番号が、保護申請時に聴き取ったBさんの携帯電話番号と下一桁のみが違うものであることに気づき、体に電気が走った。「これや、これ、こんな偶然あるわけない。Aめ、思いがけない追及を受けて、とっさに浮かんだBの番号、思わず口走ってもうたんやろな。知人男性ってのはBで間違うない。AとBはまだ全然つながっとる、『真実はいつも一つ』ってやつや。それにしても、まったく動揺する素振りも見せんと、さらっと嘘つきよってからに、まったくたいした役者やで」と興奮を抑えきれないまま、今後の対応について、すぐに杉田SVに相談することにした。杉田SV（40歳代、男性）は、「Bと一緒に暮らしとんな。間違うない。なら、保護なんかもらわず、Bに養ってもらうんが筋やないか」、「弁明させて、すぐに保護を廃止せえ」と迷いなく言い切り、松本CWも「嘘をつくなんて、けしからんですね」と応じた。

　その後、聴聞会の呼出状をAさん宛に送ったが、Aさんは聴聞会には姿を見せず、また、特に反論も出なかったので、松本CWと杉田SVは、Aさんの保護の廃止の手続を進めることにした。

＊

　X市福祉事務所長は、AさんがAさん宅においてBさんと生活を共にしていることを確認したとの理由により、松本CWがBさん所有のジープに乗り込むAさんの姿を目撃した日（初回の保護支給日）を廃止の時期とする保護廃止処分を行った。

　その後、Aさんが審査請求し、保護の必要性の調査が不十分であることを理由に保護廃止決定を取り消す裁決がされたのみならず、AさんからX市を被告とする国家賠償請求訴訟（違法な保護廃止を理由とする慰謝料請求）まで起こされてしまった。松本CWと杉田SVは、

審査請求と訴訟対応に追われる日々の中、思わず深いため息をついた。

Q 6 ● 虚偽の報告①

　　　　　保護利用者が担当ケースワーカーに対して虚偽の報告をする場合、保護の実施機関の職員として、どのように対応すべきでしょうか。

A 6

　保護の実施機関（福祉事務所長）は、保護の決定、実施または生活保護法77条・78条の規定の施行のため必要があるときは、要保護者（保護利用者を含む）に対して報告を求めることができ（同法28条1項）、これに対して虚偽の報告をした場合、保護開始または変更申請の却下、保護の変更・停止・廃止ができるとされています（同条5項）。

　もっとも、当然のことですが、これらの規定にも、行政作用全般に適用される一般原則の一つである比例原則が適用されます。つまり、保護申請の却下、保護の減額、停止・廃止などの不利益処分を課すことができるのは、目的達成のために必要な場合に限られ、かつ、必要性が認められても、目的と手段が対応していなければなりません。雀を撃つのに大砲を使ってはならないわけです。

　そのうえで、①生活保護が保護利用者の生存に直結する制度であること、②保護利用者によって虚偽の報告がされたとしても、ほとんどの場合、保護の実施機関において課税調査や金融機関への照会などの手段を尽くして調査すれば保護の適正な実施は可能であることを踏まえると、虚偽の報告を理由にこれら不利益処分を課すことが正当化される事例と

いうのは想定することが困難ではないかと思います。

　結局、保護利用者が虚偽の報告をすることがあったとしても、それはそれとして、不利益処分を課すための要件を満たすかどうかを丁寧に検討する必要がある、といえるでしょう。

Q 7 ● 虚偽の報告②

　　　　　　保護利用者が虚偽の報告をすること自体、不正受給をしている証拠と考えて問題ないのでしょうか。

A 7

　「嘘をつくのは、何かやましいことがあるからだ」、「やましいことがないのであれば、堂々と申し開きすればいいじゃないか」、ケースワーカーの皆さんは、言い訳や言い逃れに終始する保護利用者を前にして、こう思ったことが少なからずあるのではないでしょうか。嘘をつかれれば、腹も立ちます。

　また、松本CWでなくとも、「嘘を見破った、尻尾を掴んだったぞ」というある種の高揚感が、その判断から冷静さを奪ってしまうといったことも起こりがちです（Aさんが正直に報告した結果、AさんとBさんの関係を把握したのであれば、松本CWももう少し落ち着いて保護の必要性を検討できたかもしれません）。

　ですが、人は誰でも嘘をつく、というのが大袈裟だとしても、何かしらの嫌疑をかけられたとき、潔白であったとしても、人は、堂々と申し開きできるとは限らないし、すぐにバレる嘘をついてしまうこともある、そのことは心に留めておく必要があります。

　たとえば、満員電車の中で、突然、女性に右手を掴まれ、「この人、痴漢です。ずっと私のお尻を触ってました」と叫ばれた、そんな場面を想像してみてください。もちろん、痴漢なんてしていません。ですが、被害を訴える女性を前に、「そんなことしてません」と、バシッと言い切れますか。筆者には、そんな自信はありません。「女性のお尻なんて触ってない、あれ？　でも、さっき電車が大きくカーブしたとき、体がよろけて右手が当たってしまったかも。いや、でもそんな感触はなかった」などと、あーだ、こーだと考えているうちに、大量の脂汗をかき、言葉はしどろもどろ。今、いかにも痴漢をしそうな怪しげな人物に見えてないかしら。電車から下ろされ、あてもなくスマートフォンを触っていると、さらに女性が「今、何か撮ってましたよね。見せてください」と言い、「やましいことがないのであれば、見せればいいじゃないか」と騒ぎ出す無責任なヤジ馬たち。そこで、間が悪いことに、昨日、ダウンロードしたアダルト動画の存在を思い出す。下手にいじられてそんな動画を再生された日には、あらぬ誤解がますます加速しかねない。要求には絶対に応じられない。「どうしてスマートフォンを見せる必要があるんですか。そんなの人権侵害ですよ。この後、大事な会議があるんです。失礼します」などと、ありもしない会議の存在を匂わせてその場を離れようとしたとき、駆けつけた警察官に逮捕されてしまった。まさに悪夢です、でも、現実に起こってもおかしくない、そう思いませんか。

　刑事裁判では、被告人が嘘をついた、そのことを理由として有罪認定することは許されません。被告人が嘘をついたという事実が、罪を犯した事実を必ずしも推認させるわけではないためです（大事な会議が存在しなかったからといって、イコール痴漢をしたことにはなりません）。

　この原則は、生活保護に関し、保護利用者に不利益な処分を課す場面でも妥当するはずです。嘘をついている、だから不正受給をしているに

違いないと決めつけるのは、あまりに飛躍があるのではないでしょうか。

Q 8 ● 保護の必要性の調査

　　　母子世帯だとして生活保護を利用しているＡさんに、Ｂさんのような交際相手が存在し生活を共にしている場合、保護の必要性はないと判断して問題ないでしょうか。

A 8

　「保護の実施機関は、被保護者が保護を必要としなくなったときは、速やかに、保護の停止又は廃止を決定」する旨規定する生活保護法26条は、保護の実施機関（福祉事務所長）が保護の必要性を調査する義務を負うことを当然の前提としています。

　そして、保護の必要性は、①「生活に困窮する者」であること、②保護の補足性の要件を満たすかによって判断され（生活保護法２条・４条１項）、このうち、①「生活に困窮する者」であるか否かは、その者の収入がその者の最低生活費（その者の年齢、性別、世帯構成、所在地域その他の事情を考慮した最低限度の生活の需要を満たすに十分なものであり、かつ、これを超えない額）を満たすか足りないかによって認定されます。そのうえで、最低生活費および収入の認定は、世帯を単位として行われます（同法10条）。

　以上を踏まえると、Ａさんについて保護の必要性を判断するためには、まず、Ａさんが２人世帯なのかＢさんも含めた３人世帯なのか（ＡさんとＢさんの世帯の同一性）、次に、その世帯収入が最低生活費を超える状態にあるか否かを調査したうえで、保護の必要性を判断する必要がある

というべきです。

　松本CWも杉田SVも、ＢさんがＡさん宅に頻繁に出入りしている事実までは確認したものの、それだけで本当に同居しているとまでいえるかは疑問です。また、ＡさんとＢさんとが生計を一にしているのか、たとえば、Ｂさんの収入、ＢさんからＡさんへの経済的援助の有無までは調査していません。

　なお、Ｂさんは、Ａさんと婚姻していませんから、認知したＡさんの長女に対する扶養義務は負うものの（民法877条１項）、Ａさんに対する扶養義務まで負うわけではありません。また、男性が仕事も家事もせず、女性の収入で生計を維持している、それでいて円満な関係を築いているカップルも、多数派とはいわないまでも、一定数は存在します。松本CWも杉田SVも、「男子たる者、生活を共にする女性の生活の面倒をみてしかるべきである」との見識をもち、それはそれで１つの見識ではあるのですが、「こうあるべき」というあるべき論が現実の状況を正しく捉えているものかどうかは、やはりよく検討する必要があります。

Q9 ● 保護の廃止処分に対する国家賠償請求

　　　　　　X市は、X市福祉事務所長がＡさんの生活保護の廃止処分をしたことを理由に国家賠償請求訴訟を起こされています。このような保護廃止を理由とした国家賠償請求が認められるのでしょうか。

A9

　公務員がその職務上の注意義務に違反したと認められる場合、当該行為は国家賠償法１条１項に定める「違法」と評価され、国または公共団

体は損害賠償義務を負います。

　そして、「保護の実施機関は、被保護者が保護を必要としなくなった
ときは、速やかに、保護の停止又は廃止を決定」する旨規定する生活保
護法26条は、保護の実施機関（福祉事務所長）に保護の必要性を調査す
る義務を課しています。

　そうであれば、福祉事務所長が、保護の必要性を調査する義務を負う
のにもかかわらず、この調査を怠り、漫然と保護の必要性がないものと
判断して保護を廃止した場合には、公務員の職務上の注意義務違反が認
められるというべきです。

　本ケースの場合、松本CWは、Bさんの収入、BさんからAさんへの
経済的援助の有無について調査をしていません。仮に、AさんがBさん
との関係について虚偽の報告をしたとしても、たとえば、AさんとBさ
んが接触していると思われることが調査の結果判明していることを告げ
たうえ、Aさんの報告が虚偽であると追及し、Aさんが真実を話さない
場合にはどういう不利益があるか、そういった説得もできたはずです。
また、Bさんの携帯電話番号をすでに把握していたのですから、Bさん
に直接電話するなりして、Bさんの収入等の調査も容易に行えたはずで
す。にもかかわらず、X市福祉事務所長は、松本CWによる不十分な調
査を前提に、これを正すでもなく、ただ漫然と保護の必要性がないもの
と判断して保護を廃止してしまったわけですから、公務員の職務上の注
意義務違反が認められ、その結果、X市は国家賠償法上の損害賠償義務
を負うものと思われます。

5　国家賠償法1条1項は「国又は公共団体の公権力の行使に当る公務員が、その
　職務を行うについて、故意又は過失によって違法に他人に損害を加えたときは、
　国又は公共団体が、これを賠償する責に任ずる」と規定しています。

▶▶▷ 実際にあった裁判事例をみてみよう③

1 事案の概要

生活保護法による保護の実施を受けていたMさん（未婚女性）が、長女と2人世帯で保護申請していたにもかかわらず、長女の父親と生活を共にしていたことを理由に、Y市福祉事務所長から生活保護の廃止決定および既支給の保護費返還決定を受けたことに関し、Y市に対し、違法な各処分により精神的苦痛を被ったなどと主張して、国家賠償法1条1項に基づき、220万円（慰謝料200万円＋弁護士費用20万円）等の支払いを求めた事案（名古屋高判平成30・12・12賃社1727号46頁〔第一審：津地判平成29・11・20賃社1705号24頁〕）です。

2 結論と争点

Mさんが、本訴訟に先立ち、Z県知事に対し、Y市福祉事務所長のした保護廃止処分に係る審査請求を行ったところ、Z県知事は、Y市福祉事務所長が保護の必要性の要否についての検討を十分に行ったとは認められず、生活保護法26条の要件を欠くことを理由に、これを取り消す旨の裁決をしました。したがって、本訴訟では、保護廃止決定等が違法であることを前提に、さらにこれが国家賠償法1条1項にいう「違法」と認められるべきかが争点となりました（違法多元論）[6]。

そして、第一審裁判所は、Y市福祉事務所長が、主としてMさんが長女の父親と共に生活している点を問題視し、長女の父親と共に生活したことによってMさんの収入が最低生活費を超える状態にあったかどうかを調査することなく保護廃止決定等を行ったことについて、公務員の職務上の注意義務に違反したとして、Y市に5万5000円（慰謝料5万円＋弁護士費用5000円）の損害賠償義務を認め、控訴審裁判所もその結論を

6　前掲（注2）参照。

支持しています。

3　弁護士のひと言

　Mさんは、Y市福祉事務所職員に対し、長女の父親とはまったく接触をもっていない旨虚偽の説明をしており、Mさんが長女の父親との関係を正直に報告していれば、Y市福祉事務所長も、より容易にMさんの生活実態を調査でき、その結果、保護の廃止に至らなかった可能性もあります。

　そうすると、Mさんにこそ落ち度はあるじゃないか、自業自得、それなのにどうしてY市が慰謝料を支払わなければならないのか、と思われるかもしれません（実際、訴えられたY市もそのような主張をしたようです）。

　ですが、被害者に落ち度があろうがあるまいが、公務員は職務上の義務を果たす必要があります。被害者の落ち度は、公務員に職務上の注意義務違反ありとして不法行為が成立する場合に、慰謝料額を減額すべきか否か（被害者の心の痛みを生じさせた責任は、加害者だけではなく、被害者側にもあるのではないか）、つまり過失相殺（民法722条2項）の問題として検討されるにすぎません。「相手にも落ち度があるやないか、両成敗や、ワシは金払わんで」などと雑な議論をするのではなく、不法行為の成否、過失相殺の可否というように段階を踏んで検討する癖を身につけたいものですね。

第3章

書面による指示

事例3-① 口の重い保護利用者

　X市福祉事務所の田中CW（30歳代、男性）は、4月の地区担当交替に伴い、保護利用者Aさん（50歳）とその妻Bさん（52歳）、2人世帯のケースを引き継いだ。ケース記録を読む限り、Aさん、Bさん共に精神科に通院中で無職・無収入ではあるものの、稼働能力は認められるようだった。また、Aさんら夫婦の長男Cさん（21歳）は、2年前、大学進学を機に、Aさんら世帯に住民票上の住所をおいたままX市内にアパートを借りて1人暮らしを始め、保護を脱却したとのことであった。田中CWは、住民票の異動をしていないCさんを別世帯と認定していることに加え、前任者がそれほど熱心に就労指示をしていた形跡がないことから、Aさん夫妻には指示を躊躇させる面倒な何かがあるのかもしれない、とぼんやりと考えたが、すぐにそれを振り払い、引継ぎが一段落したら就労指示を開始しよう、と考え直した。

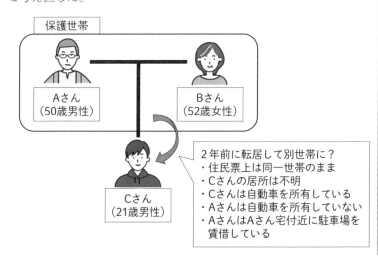

保護世帯

Aさん
（50歳男性）

Bさん
（52歳女性）

Cさん
（21歳男性）

2年前に転居して別世帯に？
・住民票上は同一世帯のまま
・Cさんの居所は不明
・Cさんは自動車を所有している
・Aさんは自動車を所有していない
・AさんはAさん宅付近に駐車場を
　賃借している

　翌5月、田中CWは、X市役所の駐車場で、白のホンダフィットの運転席から降りてくるAさんの姿を見かけた。Aさんが福祉事務所に内緒で自動車を所持し運転しているのではないか、と怪しく思った田中CWは、Aさんの姿が見えなくなるのを確認してからその白のホンダフィットに近づき、ナンバープレートをスマートフォンで撮影した。その後、ナンバープレートの情報を基に運輸支局に問い合わせたところ、白のホンダフィットの所有者がCさんであることが判明した。田中CWは、「やれやれ、白のホンダフィットについてもAさんに事実確認をしないといけないな、余計な仕事を増やしてくれるなよ」と思い、軽くため息をついた。

＊

　7月になり、田中CWは、家庭訪問のためにAさん宅に向かった。Aさん宅に着くと、近くの駐車場にCさんの所有する白のホンダフィットが駐車されていることに気づき、漠然とではあるが、AさんがCさん所有の自動車を日常的に使用しているのかもしれない、と考えた。Aさん宅の呼び鈴を鳴らすと、憮然とした表情のAさんが出てきた。家の中には、Bさんだけでなく、Cさんもおり、3人でTVを観ていたらしかった。二言三言雑談した後、Aさんに白のホンダフィットについて尋ねると、白のホンダフィットはCさん所有で間違いなく、また、CさんがAさん宅によく訪ねて来るので、そのときのためにAさんが駐車場を借りている、Aさん自身は白のホンダフィットを運転したことはない、とのことだった。田中CWは、思わず、「Aさん、あなたがこの間、白のホンダフィットに乗って市役所に来ていたのをこの目で見たんですよ」と言いたくなったが、それを言葉にするより先に、Aさんが駐車場を借りている、そのことが心に引っ掛かった。そういえば、Cさんはアパートを借りているという話だったけど、住民票も移してないし、どこの

アパートだったかまでは確認できていなかった、本当にアパートを借りているのだろうか、ひょっとして、Cさんはまだ Aさん宅で生活していて、Aさんはそのことを隠しているのではないか、そうでないと、わざわざ Aさんが駐車場を借りたりはしないだろう、次々と湧き上がってくる疑念が顔に出ないよう気をつけながら、田中CW は、Aさんに、「Cさんが住んでいるアパートの住所を教えてもらえませんか」と尋ねた。すると、Aさんが「2年前ですか、Cが家を出たときに、市内のアパートに引っ越したって報告してますよね」と強い口調で返してきたので、少し驚いて、「Cさんがどこに住んでいるのかをきちんと確認したいので、Cさんのアパートの賃貸借契約書を……」と説明しかけたところ、Aさんが遮って、「なんで、そこまで教える必要があるんですか。プライバシーの侵害じゃないんですか」と怒鳴るように言った。田中CW は、Aさんの頑なな態度にあらためて驚くとともに、Aさんは何かを隠している、不正をしている、という疑念が確信に変わりつつあるのを感じた。田中CW は、「とにかく、確認させていただく必要があるので、Cさんの住んでいるアパートの賃貸借契約書を提出してください」とその場を収めるように言い、Aさん宅を後にした。

*

その後、Aさんから連絡がないまま8月を迎えた。同月5日、BさんとCさんが来庁したので、田中CW は、Cさんに、「Cさんがどこに住んでいるのか、教えていただけませんか」と尋ねたが、Cさんは、「市内のアパートです。それ以上は、関係のないことなので教えたくありません」と答えるのみであった。やれやれ、あの親にしてこの子ありだなと、田中CW は、Cさんのあまりの頑なな態度を目の当たりにして深いため息をついた。

	Aさん世帯（Aさん、Bさん、Cさん）保護開始決定
2年前	Cさん、Aさん宅から転居したとして、Aさん・Bさんと別世帯認定（住民票上の住所の異動はなし）
4月1日	田中CW、地区担当交替に伴い、Aさん世帯を担当
5月某日	田中CW、X市役所の駐車場にて、白のホンダフィットの運転席から降りてくるAさんを目撃 白のホンダフィットの所有者がCさんであることが判明
7月某日	田中CW、Aさん宅付近の駐車場にて、Cさん所有の白のホンダフィットを目撃 駐車場の借主はAさんであることが判明 田中CW、Aさんに「Cさんの住んでいるアパートの賃貸借契約書を提出してください」と求める
8月5日	Cさん、田中CWに対し「（Cさんの居所は）関係ないことなので教えたくありません」と回答
8月18日	書面による指示、「Cさんの居所が確認できる書類を8月25日までに提出せよ」 田中CWが「指示書」交付のためAさん宅に赴くも、Bさんが受取りを拒否 田中CW、「指示書」をAさん宛に配達証明書付き郵便で発送
8月25日	田中CW、「弁明聴取通知書」をAさん宛に配達証明付き郵便で発送
8月28日	弁明聴取の期限到来、Aさんによる弁明なし
8月29日	8月30日付けで保護を停止する決定
8月30日	Aさん、「弁明聴取通知書」を受領 Aさん、田中CWに「どうしたらよいですか」と問い合わせる
9月1日	「指示書」がX市福祉事務所に返送される

Q10 ● 質問する理由・根拠の説明

　　　　　Aさん夫妻に限らず、必要だから尋ねているのに、口の重い保護利用者がいます。特に不正が疑われる方にそのような傾向が強いように感じますが、どのように対応すべきでしょうか。

A10

ケースワークは非審判的態度で臨むべき（援助に携わる者は自らの道徳

観念や経験に基づく価値観によって、サービス利用者を審判するような言動
や態度をとってはならない）だと一般的にはいわれていますが、これは不
正をも受容する趣旨ではありません。そもそもケースワークが生活保護
法に基づく福祉サービスの提供である以上、その法が許容していない不
正に対しては毅然とした対応が求められることもあり得ます。

　そうはいっても、不正だと確信まではできない、不正が疑われるにす
ぎないケースで、保護利用者にどのように対応すべきかは、非常に悩ま
しい問題です。

　というのも、確かに、口が重い、何か隠しているような態度は不正を
疑いたくなるものではありますが（実際に不正をしていれば、そうなるで
しょうし）、その一方で、ケースワーカーが保護利用者に尋ねる内容は、
子育て・教育・就労・医療・介護にかかわるプライバシーそのもので、
しかも離婚・失業・病気など世間一般的に人には知られたくないであろ
う事項に及ぶため、やましいことがなくともできれば聴かれたくないし
話したくない、それが自然な態度ともいえます。加えて、生活保護の制
度自体、体系的に整理されているとはいいがたい処理基準（保護手帳）
に基づいて処理されているため、専門的知識を有していない保護利用者
の立場で考えてみると、何が不正で何が不正ではないのかがわかりにく
い、つまり、これを話したら自分の不利益になるのか、そうでないのか
の予想がしにくい。さらに、生活保護によってかろうじて最低限度の生
活を維持している、つまり、ケースワーカーに生殺与奪を握られている
に等しい状況にあることも踏まえると、口数を減らし、極力情報を開示
しない態度は自らの利益を守るための極めて合理的な選択肢でもあるか
らです。

　まずは、保護利用者が安心して話ができるような信頼関係を構築する
ことに努める必要がありますが、そのためには、少なくともケースワー

カーと保護利用者間にある情報格差の解消が不可欠です。ケースワーカーとして、何を確認する必要があるのか、どうして確認する必要があるのか、それを確認するためには何が必要とされるのか、これらをきちんと整理して言語化し丁寧に説明することが求められます。

　本ケースの場合、田中CWは、Aさんに対して「Cさんがどこに住んでいるのか」を再三尋ねていますが、どうしてCさんの居所を確認する必要があるのかについては説明がされていません。少なくとも、保護は世帯単位で実施されるところ（生活保護法10条）、Cさんの住民票がAさんら世帯と同一のままである、Cさんの所有する自動車がAさんの借り上げた駐車場に駐車されていた、その自動車をAさんが運転していたなど、CさんとAさんが同一世帯であることを疑わせる事情が確認されたので、あらためてCさんの居所を確認したい、というように順を追った説明をすべきであったと思いますし、説明がされていれば、Aさんからその時点で何らかの弁解がされたように思います。また、Cさんの居所を確認する方法についても、必ずしも契約書が作成されない賃貸借契約もありうること、賃貸借契約書がなくとも公共料金の領収書や実地調査等によっても居住実態の確認が可能であることを踏まえると、田中CWにおいて、賃貸借契約書の提出以外の選択肢を示すことができていればよかったのかもしれません。

事例3-② 書面による指示の受取り拒否

　BさんとCさんが帰った後、田中CWは、Aさんら世帯に対する対応について、SVに相談した。その結果、不正が強く疑われるとして、Aさんに対し、Cさんのアパートの賃貸借契約書などCさんの居所を確認できる書類を提出するよう書面による指示を行い、従わないのであれば保護を停止するという処理方針が決まった。

　8月18日、田中CWは、Cさんの居所を確認できる書類を8月25日までに提出するよう求めるとともに、指示に従わないときは保護の変更、停止または廃止の処分をすることがある旨記載した「指示書」を作成し、その交付のため、Aさん宅を訪ねた。すると、応対したBさんが、田中CWが用件を告げるなり、「どうせ保護を切られるんでしょう。そんなものは受け取りません」と怒鳴るように言ったので、田中CWは、何も怒鳴ることないだろう、と不快に感じたが、ここで押し問答してもしょうがない、と思い直し、「では、文書を郵送します」とだけ告げて退去した。帰庁後、SVに顛末を報告したところ、「郵送するのも手だけど、普通郵便で送ったら、後で絶対に『送った』『受け取ってない』の水掛け論になるよ」と忠告を受けたことから、田中CWは、その日のうちに「指示書」を配達証明付き郵便[7]でAさん宛に郵送した。

　8月25日になったが、Aさんからは何の連絡もなく、インターネッ

7　配達証明とは、一般書留に付加できるオプションであり、郵便物を配達・交付した際に郵便物等配達証明書を差出人に送付し、当該郵便物を配達・交付した事実を証明するサービスです。郵便物は郵便受けに投函されないため、名宛人が受取り拒否をすることがあり得ます。

ト上で「指示書」の配送履歴を確認したところ、「ご不在のため持ち戻り」と表示されたままであった。田中CWは、どうせ受け取るつもりはないだろう、これ以上待っても時間の無駄だろうな、やれやれ、とうんざりしつつ、今後の方針についてSVと相談することにした。

Q11 ● 書面による指示の受取り拒否への対応①

生活保護法27条１項に基づく書面による指示を行う予定です。Aさん夫妻のように書面の受取りを拒否する場合、受取り拒否をもって書面による指示を行ったものと取り扱い、同法62条３項に基づく保護の変更、停止または廃止の処分をしても問題ないでしょうか。

A11

　書面による指示の名宛人である保護利用者が書面の受取りを拒否したことをもって、直ちに書面による指示を行ったものと取り扱うことは法的に問題があります。

　というのも、生活保護法27条１項・62条３項、生活保護法施行規則19条は、指示違反を理由に保護の停止等の処分をする場合、その指示は書面によって行う必要があるとしていますが、口頭ではなく書面による指示を要求する趣旨は、指示違反が保護の停止等という重大な法律効果をもたらすことから、福祉事務所長に指示の必要性および内容の検討を慎重に行わせるとともに、指示を受けた保護利用者に指示の内容および存在を正確に知らせる必要があるためです。

　このような理解に基づき、裁判実務では、生活保護法27条 1 項に基づく書面による指示は、確実に指示の対象となる保護利用者に交付される必要があり、実際に交付がされなくても法令に違反しないというためには、①福祉事務所長および職員が「指示書」交付のため相当の方策を尽くしたという事情があること、②口頭による指示が十分かつ具体的に行われたこと、 2 つの要件を満たす必要がある、とされています（後掲福岡地判平成21・ 3 ・17も同様の判断をしています）。

　本ケースの場合、①田中CWは、「指示書」交付のためＡさん宅に赴き、受取りを拒否されたため、あらためて配達証明付き郵便でこれを郵送していますが、この郵便もＡさんは受け取っていないのですから、これだけでは交付のための相当の方策を尽くしたとまではいえないでしょう。また、②従前のＡさんらとのやりとりを踏まえると、Ｃさんの居所の確認を求める理由・根拠について説明がされていないなど、口頭による指示も十分かつ具体的に行われていたとはいえません。

　なお、「指示書」が交付されないまま保護の停止等の不利益処分を行い、その処分の適法性を裁判で争われてしまった場合、訴えられた福祉事務所長側としては、前記①②の要件を満たす事実を証明せざるを得ないわけですが、それは事実上不可能に近いことなのかもしれません（そもそもQ12の方策を用いれば、「指示書」の交付は確実にできるわけで、それをせずして、①「交付のため相当の方策を尽くした」とは評価できないでしょう）。Q12を参照しつつ、確実に「指示書」を交付した後に不利益処分を行うことを強くお勧めします。

Q12● 書面による指示の受取り拒否への対応②

　　　　生活保護法27条１項に基づく書面による指示に関して、保護利用者が書面の受取りを拒否する場合、これを交付するために、どのような方策が考えられるでしょうか。

A12

　Aさん夫妻に限らず、「指示書」を受領すると保護停止等の不利益を受けると考える保護利用者の中には、「指示書」を手渡ししようにも受け取らない、普通郵便で郵送しても「送った」「受け取っていない」の水掛け論になる、それならばと「指示書」を配達証明付き郵便で郵送しても受取りを拒否する人もいます。

　そこで、「指示書」の受取りを一度拒否された場合には、配達証明付き内容証明郵便で郵送するのとあわせて、同一内容の書面を特定記録郵便によって配達しておく方策が考えられます。その際、「指示書」の文中に「同一内容の文書を特定記録郵便によって送付した」旨を明記しておくと、当該保護利用者が配達証明付き内容証明郵便の受取りを拒否したとしても特定記録郵便は郵便受けに投函されるため、指示書の交付を受けていない旨の反論をあらかじめ封じることができます。

8　内容証明とは、いつ、いかなる内容の文書が誰から誰に差し出されたかということを差出人が作成した謄本によって日本郵便が証明する制度です。

9　特定記録とは、郵便物の引受けを記録する日本郵便によるサービスです。日本郵便が受領証を交付するので郵便物を差し出した記録が残せるほか、インターネット上で配達状況を確認することができます。郵便物は名宛人の郵便受けに投函されます。

事例３-③ 弁明聴取通知書の受取り拒否

　８月25日、田中CWがSVと相談したところ、Aさん夫妻について、自らの意思で「指示書」の受取りを拒否している以上、保護が停止、廃止されようが自業自得である、まずは早急に保護を停止すべきとの結論に達した。その際、SVから「弁明聴取の通知を送ったところで、どうせ受け取らないだろうから、期限は３日後で。今月中に保護を停止できるようにして」と指示を受け、田中CWもそれに納得してうなずいた。

　同日、田中CWは、弁明聴取を行うので８月28日午後３時までにX市福祉事務所に来所することを求める旨の「弁明聴取通知書」を作成し、Aさん宛に配達証明付き郵便で郵送した。

　案の定、８月28日午後４時になってもAさんがX市福祉事務所に姿を見せなかったため、X市福祉事務所長は、同月29日、翌30日付けでAさんの保護を停止する決定をした。

　同月30日、田中CWは、Aさんから電話を受け、「今日、弁明聴取通知書という書類を受け取りました。期限が過ぎているみたいですが、どうしたらよいですか」と尋ねられた。すでに保護停止の処分はされていたし、これまでのAさん夫妻の対応に腹も立てていたこともあって、「Cさんの住所の調査に協力しないのも、弁明聴取に間に合わなかったのも、全部自業自得じゃないですか。今さら、どうしたらいいかと聴かれても、そんなこと、知りませんよ」と回答し、一切取り合わなかった。

　９月１日、郵便物の保管期間の経過により、「指示書」がX市福祉事務所に返送された。

＊

　後日、Ａさんが保護停止処分の取消し等を求める訴訟を提起した。裁判では、原告であるＡさんから、「田中CWは、『あなたは薬の飲み過ぎなんですよ』などと、その病状がＡの責任であるかのような発言をし、笑った」、「Ｃがアパートの賃貸借契約書を作成していなかったので、契約書を提出する代わりにＣ本人にも口頭できちんと説明をさせたのに、田中CWは、Ｃの賃貸借契約書の提出を執拗に要求し、Ａの言い分をまったく聞き入れなかった」など、田中CWの認識とは大きく食い違う主張がされたため、田中CWは、通常の業務のほか、訴訟対応にも相当の時間を割かざるを得なくなった。結局、裁判所は、保護停止処分に先立って必要とされる書面による指示と弁明の機会の保障がないことを理由に、保護停止処分は違法であるとして、これを取り消す判決をした。

　田中CWは、判決内容を確認し、やれやれ、こんなことになるなら、もう少し丁寧に手続を進めておけばよかった、と思い、これまでの人生で一番深いため息をついた。

Q13● 弁明の機会の保障

　　書面による指示に従わないことに関し、弁明聴取の期限を設定していたのですが、名宛人である保護利用者からは何の連絡もありません。直ちに保護の変更、停止もしくは廃止の処分をしても問題はないでしょうか。

A13

　生活保護法62条４項は、指示違反を理由に保護停止等の処分をするに

は、対象となる保護利用者に対して弁明の機会を与える必要があり、ま
た、この場合、あらかじめ処分をしようとする理由および弁明すべき日
時・場所を通知しなければならないとしています。このように生活保護
法が弁明の機会を保障する趣旨は、公正・透明な手続を保障しつつ、保
護利用者に言い分を尽くさせ、その防御権を確保する点にあります。

　このような理解に基づき、裁判実務では、弁明の機会の保障はできる
限り確実に行われなければならず、福祉事務所長および職員はそのため
の相応の措置をとる必要がある、とされています（後掲福岡地判平成21・
３・17も同様の判断をしています）。

　本ケースの場合、田中CWは、どうせＡさんは弁明聴取に応じないだ
ろうと考え、弁明聴取の期限を弁明聴取通知書発送の３日後に設定して
います。ですが、弁明の機会をできる限り保障するという観点からは、
Ａさんの従前の態度がどのようなものであれ、少なくとも通知の発送日
から郵便物の保管期間である７日（できれば準備に要する期間としてもう
７日）は空けて期限を設定すべきだったと考えます。また、いったん設
定した弁明の機会の日時・場所についても、これに固執することなく、
当該保護利用者の事情や準備の状況も踏まえ、柔軟に対応するべきでし
た。Ａさんから田中CWに電話があったとき、弁明聴取通知書発送から
５日しか経っていなかったことに加えて、すでに保護の停止の決定がさ
れていたとしても、決定通知がＡさんの元に到達しておらず、したがっ
て保護の停止の決定の効力はまだ生じていなかったわけですから、[10][11]　先

10　保護の停止または廃止を含む行政処分の効力の発生時期は、特段の定めがない
　限り、民法97条の定める到達主義の原則に基づき、その通知が被処分者（例：処
　分の対象となった保護利用者）に到達したときと考えられています。

11　民法97条１項は「意思表示は、その通知が相手方に到達した時からその効力を
　生じる」と規定しています。

の決定はなかったものとして取り扱い、あらためて弁明聴取の機会を設定するなどの柔軟な対応が必要であったと思います。

▶▶▷ 実際にあった裁判事例をみてみよう④

1　事案の概要

　夫婦であったＮさんとＱさんが、その子らを含む家族と共に生活保護を受給していたところ、Ｙ市福祉事務所長から、別世帯の長男の居住地の報告および世帯全員の住所氏名を記入した包括同意書の提出を指示され、この指示違反を理由に保護の停止処分を受け、その後、求められていた書面を提出して停止処分は解除されたものの、解除の約10か月後、求職、就労指示違反を理由に保護の廃止処分を受けたため、Ｙ市またはＹ市福祉事務所長に対し、保護停止処分および保護廃止処分の各取消しとともに、福祉事務所職員の違法な行為により精神的苦痛を被ったとして国家賠償法１条１項に基づく損害賠償（原告１人あたり慰謝料100万円＋弁護士費用10万円）の支払いを求めて提訴した事案（福岡地判平成21・３・17判タ1299号147頁）です。

2　結論と争点

　担当ケースワーカーは、Ｎさんに宛てた、別世帯の長男の居住地の報告および世帯全員の住所・氏名を記入した包括同意書の提出を指示する書面（指示書）を交付するため、Ｎさん宅に訪問したものの、Ｑさんに書面の受領を拒絶され、さらに、指示書を配達証明付き郵便で郵送したものの、不在等のためにＮさんが受け取ることはなく、郵便物の保管期間経過によりＹ市福祉事務所に返送されています。さらに、弁明手続に先立ち、配達証明付き郵便で弁明聴取通知書（通知書）を郵送したものの、Ｎさんらが不在であったために郵便局に保管され、通知書によって指定された弁明聴取期限がその保管期間中に経過しました。結局、Ｎさ

んに対する弁明聴取の手続が行われないままに保護の停止の決定がされましたが、裁判所は、保護停止処分に先立って必要とされる書面による指示と弁明の機会の保障がないことを主な理由として、保護停止処分は違法であり、これを取り消す旨判示しました。

　また、裁判所は、Nさんに対する保護停止処分について、担当ケースワーカーらには保護停止処分を行うにあたり法令が要求する手続保障を履践しようとする姿勢が希薄であり、職務上通常尽くすべき注意義務が尽くされていないとして、国家賠償法1条1項にいう違法性も認められると判断しています。なお、違法な保護停止処分によりNさんらが被った精神的苦痛に対する慰謝料額は、文書の交付をめぐりNさんらも拒否的な対応をしていたこと、保護停止された期間が3か月余りであることも踏まえ、原告であるNさんとQさんに対し、それぞれ各30万円とされました。

3　弁護士のひと言

　手続保障のための書面の受取りを自ら拒否する者に対して厳格に手続保障を履践する必要があるのか、手続保障がないまま処分されたとしても、それこそ自業自得じゃないか、という素朴な感情は理解できます。ですが、保護が停止されてしまえば、最低限度の生活を送ることさえままならなくなる、当該保護利用者の被る不利益の大きさを考えたとき、やはり書面による指示や弁明手続による手続保障は重要ですし、担当ケースワーカーはその手続保障が図られるよう可能な限り努めるべきです。たとえ書面の受取りを自ら拒否する保護利用者であっても、書面の受取りを拒否してもやむを得ない、そう思える事情があるかもしれませんし、そうした事情は、一連の手続保障がされることによって初めて明らかになるのかもしれません。厳しいことをあえて言わせていただくと、素朴な感情にではなく法の論理に従えるからこそ、ケースワークのプロフェッショナルなのではないでしょうか。

第4章

相続財産と78条徴収

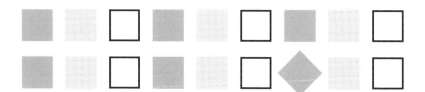

事例4　遺産分割協議未了の相続財産と生活保護法78条

　ある日、X市福祉事務所長宛てに匿名の投書があり、そこには「X市で生活保護を受けているAには、多額の資産がある。不正受給を許すな」と書かれていた。

　佐藤CW（20歳代、男性）は、投書を読み、担当しているAさんのことを思い浮かべた。Aさん（40歳代、女性）は、持病があってフルタイムで働くことはできないので、パートで働いている。地味な印象だが、いつも小綺麗で、聴いたことには答えてくれるし、お願いした書類もちゃんと提出してくれる。ケースワーカーの立場でいえば、手のかからない人なので、悪い印象はまったくない。佐藤CWは、最後に会ったのは2か月前か、服装が派手になったとか、そんな感じでもなかったな、人の恨みを買うようなタイプにも見えないけど誰がこんな投書をしたんだろう、と不思議に思った。念のため、Aさんのケース記録を読み返してみると、昨年4月までは長女と2人世帯であったが、その長女は専門学校への進学を機に家を出てすでに保護を外れていた。Aさんから今年の1月に提出された資産収入申告書の「保有する資産」欄には、Aさん名義のU銀行預金口座（残高500円）のみが記入されていた。

　佐藤CWは、長女の進学やら引っ越しやらでお金がかかったはずなんだけど、ケース記録には「奨学金でやりくり」としか書かれてないな、投書のことも気になるし、ここらでちゃんと調査しとくか、と考え、Aさん名義の預貯金がないか、金融機関への一斉照会（生活保護法29条1項）を行うことにした。しばらくして、金融機関から送られてきた回答に目を通していたところ、M銀行にAさん名義の預金口座があること、その直近の残高が100万円であることを把

握した。

　佐藤CWは、ショックを受けたものの、何か事情があるはずだ、いや、事情よ、あってくれ、と祈りにも似た思いで、すぐにＡさんに電話をして、Ａさん名義のM銀行預金口座の存在について把握したことを伝えるとともに、事情を聴くため、その通帳を持って来庁するようお願いした。

＊

　２日後、ＡさんがM銀行預金口座の通帳を持って来庁してくれたので、佐藤CWは少しホッとした。通帳を預かり、記帳された内容を確認したところ、１年前に口座が開設され、開設と同時に100万円の入金があり、その後、10万円単位での出入金が数回あったものの、直近の残高は100万円であった。１年前に開設されたということは、前回の資産収入申告書の提出のときには、すでにこれはあったということか、と徐々に濃くなるＡさんへの疑念が表情に出ないよう気をつけながら、佐藤CWは、M銀行の預金口座を資産として申告しなかった理由を尋ねた。すると、Ａさんは、そのような質問をされるとは思っていなかったのか、とても戸惑った顔つきになったが、それでも、「それは、まだ私のものじゃないんです」と答えた。

佐藤CW「それって、どういう意味ですか？」

Ａさん　「このお金は、昨年亡くなった父が残してくれたお金なんです。父が亡くなる１週間くらい前だったと思うんですけど、父から、父が死んだら預金が引き出せなくなる、今のうちに口座から預金を引き出して預かっておくようにと言われたので、そのとおりにしたんです」

佐藤CW「M銀行の口座にある100万円は、お父さんの残した遺産ということですか？」

Ａさん　「はい。ただ、兄との間で、これをどう分けるのか、まだ話合いができてなくて」

佐藤CW「だから、資産収入申告書に書かなかったんですね」

Aさん　「はい。何か問題だったですか？」

　今にも消え入るような声で問いかけられ、佐藤CWも、返す言葉が見つからず黙り込んでしまった。今まで考えたことがなかったけれど、こういう場合、資産収入申告書に書く必要があるんだろうか。

＊

　Aさんが帰った後、佐藤CWは、竹村SV（40歳代、女性）に事の顛末を報告するとともに、「Aさんの父親の遺産について、どう考えればよいのかがよくわかりません」と率直に伝えた。すると、竹村SVは、少し呆れたように、「佐藤君、そこは78（ナナハチ）でしょ。78。そんな難しく考える必要なくて、常識で考えてみて。実際、Aさん、その口座からお金を出したり、戻したりしてたわけでしょ。要するに、使ってたわけ。それって、Aさん自身のお金だと思ってたからじゃないの？」と言い、佐藤CWも、確かにそうだよな、と何となし理解した気分になった。結局、その後に開催されたケース検討会議でも、Aさんについて、1年前に100万円が口座に振り込まれたのだから、それ以降は、その100万円を生計の維持のためにあて、保護が停止されるべきであったにもかかわらず、届出（生活保護法61条）をすることなく保護費を不正受給したものとして対応することが決まった。

＊

　X市福祉事務所長は、Aさんに対し、生活保護法78条1項に基づき、既支給の保護費100万円の費用徴収決定を行った。

　その後、Aさんは費用徴収決定の取消しを求めて訴訟を提起し、Aさんが100万円を生計維持にあてなければならないことを前提とした同決定は違法であり、これを取り消す旨判決がされた。

Q14 ● 遺産分割協議未了の相続財産の帰属①

　保護利用者の親族が亡くなり、保護利用者が相続人となる
ケースがあります。

　遺言がない場合、相続人全員で相続した財産をどのように分配するか
について遺産分割協議（民法907条）をすることになると思うのですが、
その協議が成立するまでの間、相続財産は誰が、どのように利用できる
のでしょうか。

A14

　「相続人が数人あるときは、相続財産は、その共有に属する」（民法
898条）とされています。

　ここでいう「共有」とは、多数人が共同して1個の物を所有する関係
であり、共同所有者各人がそれぞれ独立の完全な所有権を有するものの、
目的物が1個であるがために互いに拘束・牽制されている状態を指し、
民法249条以下に規定されています。たとえば、甲・乙・丙の3人が1
つの土地を共有し、その共有持分が3分の1ずつである場合、各人が土
地の3分の1の面積を使用する権利がある、とは考えません。土地全部
を第三者に賃貸し賃料を3等分する、3人が1年のうち4か月（12か月
×3分の1）ずつ順番に土地全部を使用するなどして、土地全部を使用
する権利を各人が3分の1の割合で享受できるのだと考えることになり
ます。

　なお、共有関係を解消し共有物を単独者の所有とするためには、共有
物分割（民法256条以下）や遺産分割（同法906条以下）の手続を経る必要
があります。

Q15 ● 遺産分割協議未了の相続財産の帰属②

　相続財産が不動産である場合、相続人全員が相続財産を「共有」するということは理解できるのですが、相続財産が現金である場合、遺産分割協議が成立していなくとも、各相続人に相続割合に応じて分配できるのではないかと思います。

　相続財産が現金である場合も、遺産分割協議が成立するまでの間はやはり、相続人全員でその現金を「共有」することになるのでしょうか。

A15

　AさんとAさんの兄は、父親の生前にAさんが父親名義の口座から引き出した現金100万円を相続しています。父親が亡くなったとき（相続開始時。民法882条）、父親名義の預金口座にあった100万円はすでに引き出されていたのですから、父親名義の預金債権を相続したわけではありません。この、現金を相続したのか、預金債権を相続したのかの区別は、その後の処理を考えるうえで重要です。[13]

　そして、相続財産が現金である場合、現金は、不動産や貴金属などとは違って、評価するうえでの不確定要素（例：業者によって査定額が異なる、相場が乱高下する）がなく、簡単に分割することができ、かつ、相

12　共有者間で協議し、協議が調わない場合、裁判所に共有物の分割を請求することができます。最終的には、共有物をその形状や性質を変更しないまま、つまり現物のまま分割する方法（例：土地を分筆し、分筆された土地をそれぞれ単独で所有させる）、共有物を売却し、その代金を共有者間で分割する方法、共有者のうちの1人が共有物を単独で所有し、その代償として他の共有者に金銭を支払うなどして補償する方法等によって、共有関係が解消がされることになります。

続人が等しく欲しがる（「そんな郊外の土地、いらない」、「私、貴金属に興
味ないし」みたいな押し付け合いが起こらない）ものですから、素朴な感
覚に従えば、相続人は法定相続分（民法900条）に応じて分割された金額
を当然に承継するとも考えられそうです。

　ですが、裁判実務では、相続財産である現金も共有財産となる、つま
り、相続人は、相続財産である現金の上に相続分に応じた持分権を取得
するだけで、法定相続分に応じて分割された額を当然に承継するのでは
なく、遺産分割が終了して初めて、具体的に相続した現金を自由に処分
できるものとされています（最二小判平成4・4・10裁判集民164号285頁）。

　これは、遺産分割が、単に相続財産を各相続人の法定相続分に応じて
分割するための手続ではなく、被相続人との関係や相続財産の蓄積への
貢献の有無・程度、被相続人の配偶者の将来の扶養、特別受益（民法
903条）、寄与分（同法904条の2）などの一切の事情を斟酌したうえで、
相続人間の実質的な公平が図られるように相続財産を分割する手続であ
るためです。また、現金のほか、不動産、貴金属などが相続財産に含ま
れる場合に、まず現金だけが分配されてしまうと、残された不動産や貴
金属のみが遺産分割の対象となり、その分割協議が難航することは火を
見るよりも明らかです。前述の裁判実務の背景には、具体的な遺産分割
の方法を定めるにあたっての調整のための手段として現金を残しておき
たい、という実際的な価値判断もあると考えられます。

13　預金債権を相続した場合、遺産分割協議が成立するまでの間、相続人が共有す
　　ることになりますが、平成30年の民法改正により、その一部について遺産分割協
　　議成立前であっても相続人が単独で払い戻すことができることになりました（民
　　法909条の2）。
14　特別受益とは、一部の相続人だけが被相続人の生前に被相続人から生計の資本
　　として贈与を受けたり、遺贈を受けた場合、他の相続人との間で不公平が生じる
　　ため、その不公平を是正するための制度です。

Q16 ● 遺産分割協議未了のときの届出義務

　親族が亡くなり、保護利用者が相続をした場合、遺産分割協議が成立していなくても、生活保護法61条の届出義務はあると理解して問題ないですか。

A16

　届出義務（生活保護法61条）は、保護の実施機関が保護利用者の生計の状況等を把握し、保護の適正を図るために規定されたものです。そのためには、保護の実施機関が保護利用者の収入をありのままに把握できる内容で届出がされる必要がありますから、保護利用者が届出義務を負う収入には、その種類（現金、預金、不動産など）や原因を一切問うことなく、現実に増加している金銭等すべてが含まれると理解すべきです。たとえ、後日、保護の実施機関が収入認定の対象としないもの、控除の対象となるものであっても、届出義務は免除されません（後掲東京地判令和元・9・12も同様の判断をしています）。

　Ａさんは、Ａさん名義のＭ銀行預金口座の預金に関し、自由に処分できるものではなかったとしても、現実に預金が増加していたのですから、きちんとＸ市福祉事務所長に届け出る必要があったといえます。

15　寄与分とは、一部の相続人が被相続人の生前に被相続人に対して労務を提供したり療養看護したり、あるいは財産を提供するなどして、被相続人の財産の維持・増加に「特別」の貢献をしていた場合、その貢献を具体的な相続分に反映することで、相続人間の公平を図る制度です。遺産分割協議でしばしば主張されますが、その貢献の程度が「特別」である場合にのみ認められるもので、「近所に住んでいたので、よく夕食をつくってあげていた」、「通院するたびに送り迎えをしてあげていた」といったケースで認められるものでないことには留意が必要です。

Q17 ● 生活保護法上の「利用し得る資産」と「資力」

結局、今回のケースはどのように処理すべきだったのでしょうか。

A17

　Aさんは父親の死亡と同時にその財産を相続しますから、相続財産は保護利用者であるAさんが活用すべき「利用し得る資産」（生活保護法4条1項）であり、かつ、同法63条に基づく返還の対象となる「資力」に該当します。

　もっとも、遺産分割協議未了の間、Aさんは相続財産を自由に処分することはできませんから、「利用し得る資産」である相続財産を活用することができないために、急迫した事由等により保護を必要とする状況にある（生活保護法4条3項）といえ、従前どおり、保護が継続されます。この点について、Aさんは相続財産であるM銀行の預金口座の出入金を繰り返していますが、最終的な残高に増減がないことも踏まえると、そのことを理由にAさんは預金を現実に処分することができたはずだとまではいいきれないと思います。

　その後、遺産分割協議が成立し、相続財産を現実に活用できる状況となった時点で、Aさんに対し、生活保護法63条に基づき、「資力」の発生した時である父親の死亡日（相続開始時。民法882条）以降に支給した保護費に相当する額について、Aさんが遺産分割により具体的に相続した金額の範囲内で返還を求めることになります。また、返還後に繰越金がある場合、その繰越金を収入として認定します。

　なお、AさんにはM銀行預金口座に関し届出義務違反が認められます

が、仮に届出がされていたとしても、Ａさんが保護を必要とする状況で
あることに変わりはなく保護費を受給する権利を失うわけではありませ
んから、「不実の申請」と保護費受給との間に条件関係（「不実の申請」
がなければ保護費を受給できなかったという、「あれなければ、これなし」の
関係）がなく、よって、生活保護法78条１項の適用はありません。

▶▶▷ 実際にあった裁判事例をみてみよう⑤

1　事案の概要

　保護利用者であるＷさんが、福祉事務所長から、Ｗさん名義の口座に
多額の入金がありながら、これを申告せず、不実の申請その他不正な手
段により生活保護を受けたとして、生活保護法78条１項に基づき、316
万1825円の費用徴収決定を受けるとともに、費用徴収決定後の繰越金と
Ｗさんの就労収入を考慮すると、Ｗさんに保護の必要性がなくなったと
して、保護廃止決定を受けたのに対し、これらの各決定の取消しを求め
て提訴した事案（東京地判令和元・９・12D1-Law）です。

2　結論と争点

　Ｗさん名義の口座の預金は、Ｗさんが亡父から相続した相続財産であ
り、かつ、相続人間で遺産分割協議が難航しているとの事情があったた
め、①当該預金のうち、どの範囲が「利用し得る資産」（生活保護法４条
１項）に該当するか、②当該預金の全部ないし一部が「利用し得る資産」
に該当するとしても、遺産分割協議未了の間は、これをすぐに活用する
ことができないとして、Ｗさんが急迫した事由等により保護を必要とす
る状況にある（同条３項）といえないか、③当該預金について届出義務
（同法61条）が認められるか、がそれぞれ問題となりました。

　裁判所は、①当該預金について、一部をＷさんが流用していた事実を
前提としても、その全体ではなく、Ｗさんの具体的な相続分の限度にお

いてのみ「利用し得る資産」に該当するにすぎない、②当該預金は、相続開始と同時に当然に相続分に応じて分割されるものではなく、遺産分割の対象となり、相続人全員の合意がない限り、相続人の1人が活用することができるものではないとして、遺産分割協議未了の間、Wさんは、急迫した事由により保護が必要と認められる状況にあるといえる、③保護利用者の収入の届出は、保護の実施機関が保護利用者の収入をありのままに把握できる内容であることが必要であるとして、当該預金についても、現実に増加している金銭等である以上、届出義務が認められる、と判断したうえで、福祉事務所長のした費用徴収決定および保護廃止決定いずれも違法として、取り消しました。

3　弁護士のひと言

　福祉事務所長やケースワーカーが、相続財産に現金が含まれる場合の取扱いについて十分に理解していなかったために、Wさんに対する違法な処分という結果が生じたのだと思います。

　仮に、生活保護の制度上、Wさんの父親の相続財産について、遺産分割協議未了であるにもかかわらず、その全額をWさんの生計の維持にあてることが求められるのだとすれば（いったん保護を停止し、全額を使い切らない限り、保護が再開されないのだとしたら）、Wさんは、他の相続人の相続分について、一時的に預かっているだけで遺産分割協議成立後には返還を求められるとわかっていながら、手元にある現金を使い続けなければならないことになりますが、これでは、生活保護制度によってWさんが「横領」を強要されるも同然で、明らかに不合理です。

　確かに、法律の専門家ではない福祉事務所長やケースワーカーに対し、相続を含む民法の勉強不足を問うのは酷な話です。ですが、知識がないとしても、ほんの少しの想像力を働かせていたならば、「おかしいのではないか？」という問題意識をもつことはできたはずですし、そうであ

59

れば、文献を調べるなり、弁護士などの専門家に意見を求めるなりでき
たのではないでしょうか。

第5章 不正受給と届出義務

事例 5　高校生のアルバイト収入

　Ａさん（50歳、女性）は、平成28年９月28日、精神疾患（うつ病）のために働けないとして、高校２年生の娘Ｂさんとの２人世帯で生活保護申請をした。

　同年10月７日、Ｘ市福祉事務所（保護課）の木村CW（40歳代、男性）は、Ａさん宅を訪問し、Ａさんと面接して生活実態調査を行い、Ａさん世帯にはＡさんの障害厚生年金以外に収入がないことを確認した。Ｂさんは不在だったが、普通科に在籍しており、大学進学をめざして、毎日、放課後も図書室で受験勉強をしているらしく、帰りはいつも遅いとのことだった。木村CWは、Ａさんと実際に話をしてみて、言葉数は少ないし、ちょっとボーっとしている感じだけど、こちらの問いかけにはきちんと答えてくれるな、病気で働けないということらしいけど、思っていたよりも、しっかりしてそうだ、との感想をもった。そして、あまり長居をしてもなんだしな、と考えて、Ａさんに「保護のしおり」[16] を渡し、「収入があった場合には、必ず申告してくださいね。詳しいことは、この『保護のしおり』に書いてありますから、よく読んでおいてください」とだけ説明し、帰庁した。なお、「保護のしおり」には、「新たに働くようになったり、やめたり、仕事が変わるとき（子どものアルバイトも含みます）には、福祉事務所への届出を必ずしてください」との記載があった。

　同年10月18日、Ａさん世帯に対する保護開始の決定がされた。

＊

16　保護のしおりとは、各福祉事務所が、保護利用者に対して保護の制度や手続について説明するにあたり、その便宜のために作成し配布している冊子です。

　木村CWは、Aさんは病気で働けないだろうし、Bさんも受験勉強でアルバイトどころではないだろう、と思い、Aさんに対して生活状況や収入の有無を確認することなく8か月近くが過ぎた。その間、Aさんらからも就労に関して何の相談も報告もなかった。

　翌平成29年6月上旬、木村CWは、Aさんの障害厚生年金の受給額が改定されたことを把握したため、まず、Aさん宛に収入（無収入）申告書を郵送した。そして、後日、Aさんに電話をし、「年金のハガキ、届いてますよね。それと、X市からお送りした収入申告書も届いてますか？」と尋ねた。

Aさん　「はい、どちらも届いてたと思います」

木村CW「年金のハガキにAさんの年金の額が書いてると思うんで、それを収入申告書にそのとおり書き込んで、年金のハガキのコピーと一緒に保護課宛に郵送してもらえますか？」

Aさん　「はい」

木村CW「わからないことがあったら、電話でもいいので、聴いてください」

Aさん　「わかりました」

　どうして、なかなか理解が早い。「じゃあ、よろしくお願いします」と言って、木村CWは電話を切った。それから数日後、Aさんから収入（無収入）申告書と年金額改定通知書のコピーが届いた。木村CWが収入（無収入）申告書を確認したところ、「働きによらない収入」欄の「厚生年金」が○で囲まれ「年額584,500円」と記入があるものの、「働いて収入がある者」および「働いて得た収入のない者（15歳以上の者について記入してください）」欄のいずれも空欄のままであった。木村CWは、「働いて得た収入のない者」にAさんとBさんの名前が書いてないけど、まあ、そこまで細かくこっちも説明しなかったからしょうがないか、と思い、特に補正を求めることなく、ケース記

録に綴じ込んだ。

＊

　同年7月中旬、木村CWは、課税調査の結果を受けて、軽いめまいを覚えた。Bさんが平成28年10月から翌平成29年6月までの間、薬局でアルバイトをし、合計32万円の給与（手取り）を得ている事実を把握したからだ。受験も控えてるし、まさか、アルバイトしてるというのは頭になかったな、と自らの不注意を後悔しつつ、今後の対応について、とりあえず、青木SV（50歳代、女性）に相談することにした。青木SVは、暴言を吐くわけでも声を張り上げるわけでもないが、独特の威圧感がある。木村CWは、青木SVの前では背筋が自然と伸びていることを自覚した。

　青木SVが、眉間に皺を寄せながら、「Bさんがアルバイトしてるって話、ほんとうに聞いてなかったの？」と尋ねる。

木村CW　「はい」

青木SV　「収入申告書の記載は？」

木村CW　「ありませんでした」

青木SV　「『保護のしおり』は渡してるのよね？」

木村CW　「最初の訪問のときに渡してます」

青木SV　「じゃあ、63じゃなくて78ね」

　有無を言わせぬ迫力をもって断言されると、木村CWは、ただうなずくことしかできない。青木SVが「とりあえず、Bさんのアルバイト代について、収入申告書、提出してもらって」と言い、席に戻ってよしの合図代わりに右手を軽く払うのを確認してから、木村CWは安堵のため息とともに自席に戻った。こうして、Aさんに生活保護法78条1項に基づく費用徴収決定を行う方向で対応することが決まった。

　同年8月3日、木村CWは、Aさんに電話をし、単刀直入、「Bさ

ん、薬局でアルバイトしてますよね、去年の10月から」と切り出した。Aさんがのんびりした口調で「はあ」と応じるので、ついカッとなり、「はあ、じゃないでしょ」と口にしかけたが、グッと堪えた。感情的になっている場合ではない。

木村CW「収入申告書送りますんで、Bさんの給与明細書を見ながら、その金額を収入申告書に記入して、僕宛てに送り返してもらえますか？」

Aさん　「はい」

木村CW「あと、給与明細書のコピーも一緒に送ってください」

Aさん　「コピーもですね。わかりました」

　木村CWは、電話を切ってから、深いため息をついた。あの人、事の深刻さがわかってんのかな、不正受給だよ、不正受給……。

　同月25日、Bさんのアルバイト収入が記入された収入（無収入）申告書と給与明細書のコピーが木村CWの下に届いた。確認したところ、よし、記入に漏れはない。

　同年11月15日、木村CWは、Aさんに関するケース診断会議に臨み、その結果、「保護のしおり」を渡しているのだから、生活保護法78条1項に基づく費用徴収決定はやむなしとの結論に落ち着いた。このとき、木村CWも青木SVも、Bさんのアルバイト収入の使途について、まったく確認をしていなかった。

＊

　X市福祉事務所長は、未申告であったBさんのアルバイト収入32万円に相当する額について、Aさんが「不実の申請その他不正の手段」により保護費を不正受給したものとして生活保護法78条1項に基づきその徴収をすることを決定した。[17]

　その後、Aさんは、費用徴収決定の取消しを求めて提訴し、Bさんにアルバイト収入があることは知っていたものの、これはBさんが修学旅行費や大学受験費にあてる目的ですべて管理していたもの

であるから、Aさんら世帯が受ける生活保護に影響を及ぼす事情で
あるとは意識せず、届出義務（生活保護法61条[18]）があることに思い
至らなかった、収入（無収入）申告書にあえて虚偽の内容を記載し
たわけではないと主張した。裁判所は、Aさんが「不実の申請その
他不正な手段」により保護を受けたとまではいえないとして、費用
徴収決定を取り消す旨の判決をした。

Q18 ● 不正受給の意図

保護利用者が収入について届出（生活保護法61条）をせず、
あるいは事実と異なる内容の届出をしたことによって不当に保護費が支
給された場合、どのような事情があれば、「不実の申請その他不正の手
段」を用いたとして生活保護法78条1項が適用されるのでしょうか。

A18

生活保護は、国民が健康で文化的な最低限度の生活を維持することが
できない場合に、その不足を補う制度ですから（生活保護法4条1項）、

17　生活保護法78条1項は「不実の申請その他不正な手段により保護を受け、又は他
　人をして受けさせた者があるときは、保護費を支弁した都道府県又は市町村の長は、
　その費用の額の全部又は一部を、その者から徴収するほか、その徴収する額に100
　分の40を乗じて得た額以下の金額を徴収することができる」と規定しています。
18　生活保護法61条は「被保護者は、収入、支出その他生計の状況について変動が
　あったとき、又は居住地若しくは世帯の構成に異動があったときは、すみやかに、
　保護の実施機関又は福祉事務所長にその旨を届け出なければならない」と規定し
　ています。

保護利用者に支給される保護費の額は、保護利用者からの届出によって把握した収入に基づき、「最低生活費－収入＝保護支給額」として算定されます。

　そして、保護利用者が収入について届出をせず、あるいは事実と異なる内容の届出をした場合、保護の実施機関が把握できなかった収入の額と同額について、不当に保護費が支給されたことになります。

　もっとも、このようにして保護費が不当（≠不正。不当であっても必ずしも不正とは限らない）に支給されたとしても、当該保護利用者に不正受給の意図がない場合、「不実の申請その他不正の手段」を用いたということはできませんし、生活保護法78条 1 項の適用もありません（問答集問13－ 1〔417頁〕）。

　そして、不正受給の意図は、

　①　正確に収入の事実の届出をしなければならない

　②　正確に収入の事実の届出をしなければ不当に保護費を得ることができる

　③　あえて届出をしない、あるいは事実と異なる内容の届出をする

との認識を経て形成されるものですから、これら①～③の認識があって初めて、不正受給の意図を認めることができ、「不実の申請その他不正の手段」を用いたとして、生活保護法78条 1 項の適用を検討することになります。

Q19● 届出義務についての説明①

　　　保護利用者に対し、収入の届出義務（生活保護法61条）について、どのように説明をしておけば、当該保護利用者は「正確に収入の事実の届出をしなければならない」と確実に認識していたはずだと主張

できるのでしょうか。

A19

　たとえば、生命保険や自動車の任意保険に加入したとき、契約内容の概要をまとめたパンフレットが配布されますが、それにきちんと目を通している人はどのくらいいるのでしょうか。皆さんは、自身が加入している保険の内容をきちんと把握できていますか。「保護のしおり」も同じです。「『保護のしおり』を読んでおいてください」と指示するだけで、保護利用者がこれを読み生活保護制度を理解できたはずだと考えるのは、あまりにナイーブです。加えて、障がいを有する方については、その障がいの特性にも配慮する必要があります。

　本ケースの場合、木村CWは、Aさんが働けないほどの精神疾患（うつ病）を患っていることは把握していたのですから、Aさんに対し、「保護のしおり」を交付するだけではなく、これを広げ項目を示しながら、随時、Aさんが内容を理解できているのか確認をしつつ、その記載内容を丁寧に説明するべきだったと思われます。

Q20● 届出義務についての説明②

　　　　　保護利用世帯に高校生がいる場合、収入の届出義務（生活保護法61条）の説明を行うにあたり、何か配慮すべきことがありますか。

A20

　高校生のアルバイト収入については、学習塾費や修学旅行費等の高等

学校就学費の支給対象とならないものにあてる場合、就学に必要な費用として、必要最小限度の額を「収入」として認定しない取扱いがされています（次官通知第8－3－(3)－ク－(ア)、手帳376頁）。また、大学に就学するために必要な経費（事前に必要な受験料および入学料等に限る）についても、同様です（次官通知第8－3－(3)－ク－(イ)、手帳376頁）。

「収入」から除外されない場合であっても、必要経費のほか、月額1万1600円の未成年者控除が「収入」から控除されます（次官通知第8－3－(4)、手帳397頁）。

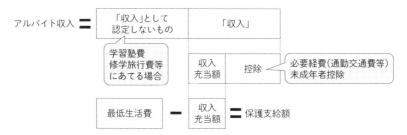

つまり、Bさんのように、高校に通学しながら、修学旅行費や大学進学費用にあてる目的で月3～4万円程度のアルバイト収入を得ようとする場合、届出さえすれば、収入認定除外および控除によって、収入充当額はほとんど発生しないのですから、あえて虚偽の届出をして不正受給する経済的合理性が認められません。木村CWとしても、高校生の子（Bさん）がいることは当然認識していたのですから、高校生のアルバイト収入であっても届出義務があること、収入認定除外（修学旅行費や大学受験料等）や各種の控除についても念押しして説明するべきだったと思います。

加えて、収入認定除外や各種の控除が認められるものについて、届出をしなくとも構わないという誤解がされがちです（たとえば、相続税に関し、相続財産の評価額が基礎控除の範囲内に納まれば、納税はもとより申

告の必要もありません。結論が変わらないのだから手続も省略して構わないという考え方は、法適用の場面に限っても、あながち不合理とまではいえません）。届出がされなければ、収入認定除外や控除が認められないという不利益があることも含め、強く念押ししておくべきでしょう。

　さらに付け加えていうと、親に知的もしくは精神の障がいがある、子が非行に走っているなど、世帯主である親から高校生である子に対し、収入の届出義務や収入認定について説明し、その理解を得ることが困難な状況にあることも想定されます。ケースによっては、ケースワーカーが、親の意向にも十分に配慮しつつ、高校生である子を含め世帯員全員に収入の届出義務等について説明すべき場合もあると思われます。[19]

Q21 ● 不正受給の意図の有無の判断

　　　　　不正受給の意図の有無を判断するにあたり、①保護の実施機関の職員による保護利用者に対する届出義務（生活保護法61条）の説明の内容および態様のほかに、どのような事情を検討する必要がありますか。

A21

　不正受給の意図を推認させる客観的事実としては、さらに、②当該保護利用者による収入の届出の内容および態様、③収入の具体的な使途、

19　平成30・3・30社援保発0330第7号「『生活保護費の費用返還及び費用徴収決定の取扱いについて』の一部改正について（通知）」も、不正受給の意思の有無の確認にあたり、「世帯主及び世帯員の病状や当該被保護世帯の家庭環境その他の事情により、世帯主や世帯員において収入申告義務についての理解又は了知が極めて困難であり、結果として適正に収入申告がなされなかったことについてやむを得ない場合があることも考えられる」と指摘しています。

などがあげられます。少なくとも、これらを検討することなく不正受給の意図の認定を行えば、検討が不十分との批判は免れません。

　まず、②当該保護利用者による収入の届出の内容および態様についてですが、たとえば、当該保護利用者が従前、収入（無収入）申告書を自発的に提出していたか、収入を把握したケースワーカーから促され、ケースワーカーの指示したとおりの内容を記載して提出していたにすぎないのかによっても、当該保護利用者の収入届出義務への理解を推し量ることが可能です。また、収入（無収入）申告書の記載内容も、不正受給の意図を推認するうえで重大なヒントとなり得ます。たとえば、Aさんは、Bさんのアルバイト収入を記入することなく収入（無収入）申告書を提出していたわけですが、その「働いて収入がある者」および「働いて得た収入のない者（15歳以上の者について記入してください）」欄はいずれも空欄のままでした。AさんにBさんのアルバイト収入を隠して保護費を不正に受給する意図があり、あえて「働いて収入がある者」欄にBさんの名前を記入しなかったのだとすれば、「働いて得た収入のない者（15歳以上の者について記入してください）」欄にBさんの名前を記入するのが自然であるのに、それをしていません。このことは、Aさんに不正受給の意図がなかったことを推認させる事情となります。

【Aさんが提出した収入（無収入）申告書】

1　働いて得た収入がある者

働いている者の名前	仕事の内容勤め先（会社名）等	区　分	当月分（見込額）	前3カ月分		
				月分	月分	月分
		収入				
		必要経費				
		就労日数				
		収入				
		必要経費				
		就労日数				
		収入				
		必要経費				
		就労日数				

2　働いて得た収入のない者（15歳以上の者について記入してください）

氏　　　名	働いて得た収入のない理由（該当するものを○で囲んでください。
	病気・老齢・その他（　　　　　　　　　　　　　　　　　　　　）
	病気・老齢・その他（　　　　　　　　　　　　　　　　　　　　）
	病気・老齢・その他（　　　　　　　　　　　　　　　　　　　　）

3　働きによらない収入（年金・手当・仕送り等受けているものを○で囲んでください）

	受給者	受　給　内　容	収　入　額
ⓥ有・無	A	国民年金、厚生年金、恩給、児童手当、児童扶養手当、特別児童扶養手当、雇用保険、傷病手当、その他（　　　　　　　　　）	月額　　　　円 年額 584500円
有・無		国民年金、厚生年金、恩給、児童手当、児童扶養手当、特別児童扶養手当、雇用保険、傷病手当、その他（　　　　　　　　　）	月額　　　　円 年額　　　　円

【正しく記入された収入（無収入）申告書】

1　働いて得た収入がある者

働いている者の名前	仕事の内容勤め先（会社名）等	区　分	当月分（見込額）	前3カ月分		
				3月分	4月分	5月分
B	●×薬局	収入	4万円	4万円	4万円	4万円
		必要経費				
		就労日数	10日	10日	10日	10日
		収入				
		必要経費				
		就労日数				

		収入			
		必要経費			
		就労日数			

2　働いて得た収入のない者（15歳以上の者について記入してください）

氏　　名	働いて得た収入のない理由（該当するものを○で囲んでください。
A	病気・老齢・その他（　　　　　　　　　　　　　　　　　　）
	病気・老齢・その他（　　　　　　　　　　　　　　　　　　）
	病気・老齢・その他（　　　　　　　　　　　　　　　　　　）

3　働きによらない収入（年金・手当・仕送り等受けているものを○で囲んでください）

	受給者	受　給　内　容	収　入　額
有・無	A	国民年金、厚生年金、恩給、児童手当、児童扶養手当、特別児童扶養手当、雇用保険、傷病手当、その他（　　　　　　　）	月額　48708円　年額584500円
有・無		国民年金、厚生年金、恩給、児童手当、児童扶養手当、特別児童扶養手当、雇用保険、傷病手当、その他（　　　　　　　）	月額　　　　円　年額　　　　円

【「不正受給の意図」を推認させる収入（無収入）申告書】

1　働いて得た収入がある者

働いている者の名前	仕事の内容勤め先（会社名）等	区　分	当月分（見込額）	前3カ月分		
				月分	月分	月分
		収入				
		必要経費				
		就労日数				
		収入				
		必要経費				
		就労日数				
		収入				
		必要経費				
		就労日数				

2　働いて得た収入のない者（15歳以上の者について記入してください）

氏　　名	働いて得た収入のない理由（該当するものを○で囲んでください。
A	病気・老齢・その他（　　　　　　　　　　　　　　　　　　）
B	病気・老齢・その他（高校通学　　　　　　　　　　　　　　）
	病気・老齢・その他（　　　　　　　　　　　　　　　　　　）

3　働きによらない収入（年金・手当・仕送り等受けているものを○で囲んでください）

	受給者	受 給 内 容	収 入 額
有・無	A	国民年金、厚生年金、恩給、児童手当、児童扶養手当、特別児童扶養手当、雇用保険、傷病手当、その他（　　　　　　　　　　　　　　　）	月額　　　　円 年額 584500円
有・無		国民年金、厚生年金、恩給、児童手当、児童扶養手当、特別児童扶養手当、雇用保険、傷病手当、その他（　　　　　　　　　　　　　　　）	月額　　　　円 年額　　　　円

　次に、③収入の具体的な使途について、使途が収入認定除外ないし控除の対象となるものであれば、あえて収入の届出を怠る経済的合理性はありません。このような事情は、不正受給の意図はなかったと推認する方向に働きます。

　このように、木村CWも青木SVも、Bさんのアルバイト収入を把握した後も、従前にAさんが提出していた収入（無収入）申告書の記載内容、アルバイト収入の使途などをあらためて確認していれば、Aさんに生活保護法78条1項を適用することについて、「おかしいのではないか？」と問題意識をもてたはずです。福祉事務所での業務は、千差万別のバックボーンをもった保護利用者に対し適切に対応することが求められるものです。だからこそ面倒だともやりがいがあるともいえるわけですが、いずれにせよ、常に想像力を働かせ、「気づき」の姿勢で業務に臨む必要があったと思います。

▶▶▷ 実際にあった裁判事例をみてみよう⑥

1　事案の概要

　保護利用者であるSさんが、同世帯の高校生の娘のアルバイト収入を申告せずに保護費を受給していたことが「不実の申請その他不正な手

段」による保護費の不正受給にあたるものとして生活保護法78条に基づく費用徴収決定を受けたため、不正受給の故意はなかった等と主張して、当該決定の取消しを求めて提訴した事案（横浜地判平成27・3・11判自408号34頁）です。

2　結論と争点

　裁判所は、①Ｓさんは「保護のしおり」等の関係書類をよく読んで理解しようという意欲に乏しく、Ｓさんの妻も精神障害により理解力、適応力に問題があること、②福祉事務所職員がＳさん夫婦に対し、収入の届出義務について、保護のしおりを交付してはいたものの、概括的な説明しかしておらず、また、当時高校2年生であったＳさんの娘について、高校生のアルバイト収入であっても届出義務があることを念押しして説明することもしなかったこと、③Ｓさんは、福祉事務所職員から娘のアルバイト収入について指摘されると、その指示に従い、給与明細書や通帳の写し等の関連する資料を素直に提出していること、④Ｓさんが提出した収入無収入申告書について、その記載内容や提出の時期から、いずれも申告すべき特定の収入があることを把握した福祉事務所職員の指示したとおりに記入して提出したものと認められ、娘のアルバイト収入の記載がないことについて、Ｓさんが記載の必要性を認識しつつあえて虚偽の提出をしたということは困難であること、などを総合的に判断し、Ｓさんが娘のアルバイト収入を申告せずに保護費を受給し続けたことをもって生活保護法78条にいう「不実の申請その他の不正な手段により」保護を受けたとまではいえないと結論し、Ｓさんに対する費用徴収決定を取り消しました。

3　弁護士のひと言

　筆者が未成年者であったときのことを振り返ってみると、アルバイトはしても、そのアルバイト収入を家計に入れたことはないですし、親に

は、アルバイト収入の使途はおろかいくら稼いだかも言いたくない、当然、親がお金のことでどれほど苦労しているかなんて想像したこともない、そんな感じでした。たとえ、親から「アルバイトするなら、ちゃんと報告しなさい」、「報告しないと、大変なことになるんだよ」、「報告さえすれば、認定除外や控除が受けられるんだからね」とどれほど念押しされたところで、「うっせえな」、「なんで俺だけ報告とか、そんなかったりーことしなきゃいけねーんだよ」、「バレやしねえよ」、「バレたって、反省した振りすればなんとかなんだろ、どーせ」、「めんどくせーよ、なんかもう」と嘯くのが関の山で、親にきちんと報告したとは思えません。ですから、「あなたたちの中で罪を犯したことのない者が、まず、石を投げなさい」との教えに従うと、筆者には、届出のない高校生のアルバイト収入に関し、生活保護法78条1項を適用するという決断はできそうもありません。だからといって、高校生のやることなんだから不正受給はすべて大目にみてあげましょう、というわけにもいかないでしょうし、まったく悩ましい問題ですね。

76

第6章

障害者加算と
63条返還

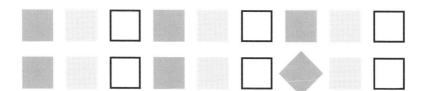

事例6　障害者加算と生活保護法63条

　Ｘ市福祉事務所の山本CW（20歳代、男性）は、地区担当変更に伴い、保護利用者Ａさんのケースを引き継いだ。ケース記録を確認していたところ、Ａさんは、精神障害者保健福祉手帳（精神障害者手帳）２級を所持していることを理由に障害者加算の認定を受けていたものの、その精神障害者手帳が１年前から更新されていないことに気がついた。Ａさんは、通院先の病院でトラブルを起こすため、医療機関から受診を拒否されており、そのために手帳更新に必要な診断書を取得することができていないようであった。

　山本CWは、１年前に精神障害者手帳が切れたんやから、それ以降に支給した障害者加算って出しちゃマズかったか、受診拒否されるぐらい暴れとるわけやし、病状が良くなったようには思えんけど、どう対応すればよかったんや、と疑問に思い、保護手帳と別冊問答集を確認したが、コレや、と思える記述はみつからなかった。そこで、SVに相談したところ、「県に聴いとこか。県の言うとおりにしとったら、間違いないやろ」と言われたので、さっそく県への照会文書を起案することにした。

　山本CWは、「精神障害者手帳が更新されていないが、病状が改善したとは思えない」という悩みどころが伝わるようにと、Ｙ県生活福祉部保護課指導係に宛てて、

①　主は、精神障害者手帳２級を所持しているため、障害者加算を認定している。ただ、主は１年前に精神障害者手帳２級が切れたが、主の個人的な理由により手帳の更新はできておらず、医師の診断書も未提出の状態である

②　主が精神障害者手帳２級を更新できない、医師の診断書が提

　　　出できない理由は、主は精神疾患を患っており、常に通院先の
　　　病院でトラブルを起こし、当市を含めた近隣自治体の医療機関
　　　より受診拒否を申し付けられているからである
　②　主が精神障害者手帳２級を更新できない、医師の診断書が提
　　　出できない理由は、主は精神疾患を患っており、常に通院先の
　　　病院でトラブルを起こし、当市を含めた近隣自治体の医療機関
　　　より受診拒否を申し付けられているからである
　③　この場合、主の精神障害者手帳２級が切れた日の翌日をもっ
　　　て、直ちに主の障害者加算を削除しなくてはならないか
と記載した書面を作成し、FAX送信した。
＊

　２日後、山本CWは、Y県生活福祉部保護課指導係の担当者から
電話を受け、照会事項について、「認定期限が過ぎているので、障
害者加算の事由に該当しません。保護費の返還が生じます」との回
答を得た。「認定期限が過ぎている」って何のことを言ってんのか、
ようわからへんな、とかすかな疑問が頭を掠めたが、さすが県の人
は難しい言葉を使わはるわ、まぁ、要するに「63（ロクサン）打て」
いうことか、と結論が得られたことに満足し、御礼を言ってから電
話を切り、県の回答をケース記録に記入した。
　山本CWがSVに報告したところ、SVも「県が63言うたら、63や」
と言うので、さっそく、Aさんに対し、生活保護法25条２項に基づき、
精神障害者手帳の有効期限の切れた１年前にさかのぼって障害者加
算を削除するとともに、障害者加算の事由に該当しないのに誤って
加算が継続されたことを理由として、同法63条に基づき、過去１年
に支給した障害者加算の合計額を返還すべきとする決定の起案文書
を作成した。部長（X市福祉事務所長）との間で、「処理はこれで問
題ないんか」、「県に確認したので、間違いありません」、「それなら、

79

それでいこか」といったやりとりがあった後、無事、決裁が下り、Aさんに対する返還決定がされた。

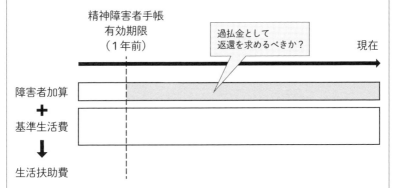

　その後、Aさんが、X市に対し、障害者加算を削除する旨の保護決定処分が無効であることの確認、生活保護法63条に基づく返還決定の処分の取消し等を求めて訴訟を提起した。X市は、各処分はY県の回答を尊重して行ったもので違法ではない旨主張したが、裁判所は、Y県の回答に従った結果だとしても違法なものは違法、X市のした処分は違法であるとし、返還決定処分の取消しを認める判決を下した。

20　実施要領は、障害者加算について、「月の中途で新たに障害者加算を認定し、又はその設定を変更し若しくはやめるべき事由が生じたときは、それらの事由の生じた翌月から加算に関する最低生活費の認定変更を行うこと」（局長通知第7‐2‐(2)‐エ‐(ウ)、手帳299頁）とし、日割計算による加算の認定変更までは要求していません。もっとも、これは、本来、日割計算によるべきところ、事務処理上の便宜を図ったものと考えられ、日割計算によったとしても違法とは評価されません。

Q22 ● 保護の決定および実施についての
●●技術的な助言

　Aさんのケースのように、保護手帳にも別冊問答集にも記載がない、どう対処すればよいのかがよくわからない場合、どのように対処すべきかについて、県に照会をしています。県の回答のとおりに対処しておけば法律上の問題は生じない、そう理解して間違いないですか。

A22

　「県に照会をする」という場合、それは、地方自治法245条の4第3項に基づき、市町村の福祉事務所長が県知事に対し、その担当する生活保護の決定および実施について、技術的な助言を求めることを意味します。

　もう少し具体的に説明すると、都道府県知事その他の都道府県の執行機関（各種委員会および委員）は、その担当する事務に関し、普通地方公共団体に対して、普通地方公共団体の事務の運営その他の事項について適切と認める技術的な助言をすることができ（地方自治法245条の4第1項）、また、普通地方公共団体の長その他の執行機関は、都道府県の執行機関に対し、その担当する事務の管理および執行について、技術的な助言を求めることができます（同条3項）。

　そして、技術的な助言とは、一般には、客観的に妥当性のある行為または措置を実施するよう促したり、またはそれを実施するために必要な事項を示したりすることと考えられていますが（さいたま地判平成25・7・17判自389号47頁）、普通地方公共団体に対する法的拘束力はなく、技術的な助言を受けた普通地方公共団体がこれに従う法律上の義務はありません。地方自治法247条3項は、都道府県の職員は、普通地方公共団体が都

道府県の機関が行った助言に従わなかったことを理由として、不利益な取扱いをしてはならないと規定し、このことを明らかにしています。

　したがって、市町村の福祉事務所長は、市町村長を通じて、生活保護の決定および実施に関し、県知事に対して技術的な助言を求めることができますが、その回答に法的拘束力はありませんし、従う必要もありません。福祉事務所長は、保護の実施機関として、回答の内容を参考にしつつ、常に生活保護法の基本に立ち返り、自ら適切な判断をする必要があります。「技術的な助言に従った」と言ったところで、そのことは福祉事務所長の保護の実施機関としての責任を何ら免責してはくれません。

　以上を踏まえると、山本CWやX市福祉事務所長は、県の技術的な助言を参考にしながらも、生活保護法の基本に立ち返り、自ら考え、結論を出す必要がありました。そのためにも、県に対して、問いに対する回答（結論）だけではなく、結論に至った理由や根拠もきちんと確認しておくべきだったといえるでしょう。

Q23● 障害者加算の要件該当性の喪失

　　　　　　障害者手帳の所持を理由に障害者加算の認定を受けている保護利用者について、障害者手帳の更新がされなかった場合、障害者加算の要件該当性も失われたとして、障害者加算の認定を取り消して問題はありませんか。

A23

　障害者加算は、障害により最低生活を営むのにより多くの費用を必要とする障害者に対して、そのような特別の需要に着目して基準生活費を

上積みして支給することにより、障害のない保護利用者と実質的に同水準の生活を保障するためのものです。

　そして、障害者加算の要件該当性の認定において、障害の程度の判定は、①原則として身体障害者手帳、国民年金証書、特別児童扶養手当証書または福祉手当認定通知書により行うこと（局長通知第7 - 2 -(2)-エ-(ア)、手帳299頁）、②これらを所持していない者については、障害の程度の判定は、保護の実施機関の指定する医師の診断書その他障害の程度が確認できる書類に基づき行うこと（局長通知第7 - 2 -(2)-エ-(イ)、手帳299頁）とされています。

　つまり、障害者加算を認定するための要件は、最低生活を営むのにより多くの費用を必要とするような障害がある者であること（具体的には、告示第1第2章 - 2 -(2)に該当する者、手帳292頁）であって、障害者手帳を所持していることではありません。障害者手帳は、障害の有無・程度を判定するための証拠の1つにすぎない、そのことが理解できていれば、障害者手帳の更新がされなかったことが、そのままイコール障害者加算の要件該当性の喪失とならないことも理解できると思います。

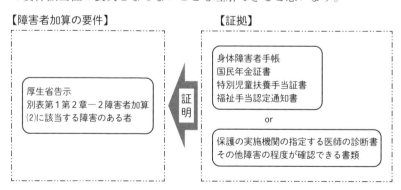

【障害者加算の要件】　　　　　　　　　【証拠】

厚生省告示
別表第1第2章—2障害者加算
(2)に該当する障害のある者

　←　証明

身体障害者手帳
国民年金証書
特別児童扶養手当証書
福祉手当認定通知書

or

保護の実施機関の指定する医師の診断書
その他障害の程度が確認できる書類

　また、いったん決定された保護は、「保護の変更を必要とすると認めるとき」には、その決定を行わなければならないとされる一方で（生活

保護法25条 1 項）、それが保護利用者にとって不利益となる変更である場合には、変更の必要性に加え、「正当な理由」がなければ、保護の変更をすることは許されません（同法56条）。これは、生活保護の権利性に鑑みて、不利益変更を行う場合には、特に慎重、適正であることが必要と考えられるためです。障害者加算の認定を削除する不利益変更を行う場面では、保護利用者のほうで障害者加算の要件該当性を証明できないというだけでは足らず、保護の実施機関のほうで障害者加算の要件該当性を喪失した事実を証明できて初めて、「正当な理由」が認められると考えるべきです（障害者加算認定の場面と認定された障害者加算の削除の場面とでは、障害者加算の要件該当性について真偽不明の場合の結論が異なることになります）。

　以上を踏まえると、Ａさんの障害者加算の認定を削除する不利益変更を行うにあたり、単に、障害者加算の要件該当性を認定するための証拠の 1 つにすぎない精神障害者手帳の更新がされなかったという事情のみをとらえて「正当な理由」ありと評価することは困難です。Ｘ市福祉事務所長が、Ａさんについて、検診命令を発したり、Ａさんの通院先の医師に意見を求めるなどして、Ａさんの精神障害の状況が障害者加算を必要としないほどに改善したと証明できない限り、障害者加算を削除する保護の不利益変更について「正当な理由」を認めるべきではありません（後掲東京地判平成31・ 4 ・17も同様の判断をしています）。

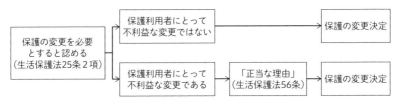

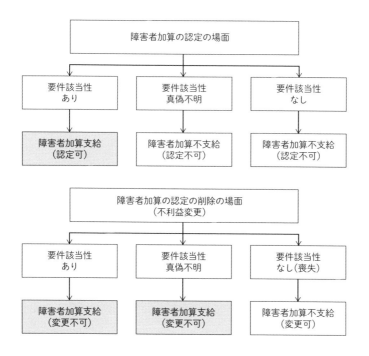

▶ ▶ ▷ **実際にあった裁判事例をみてみよう⑦**

1 事案の概要

　生活保護を利用し、生活扶助について障害者加算の認定を受けていた
Ｓさんが、Ｚ市福祉事務所長から、精神障害者保健福祉手帳２級の有効
期限が１年２か月前にすでに経過していたことを理由に、生活保護法25
条２項に基づき障害者加算を１年２か月前にさかのぼって削除する旨の
保護決定処分、および、同法63条に基づきすでに支給した１年２か月分
の障害者加算の合計額を返還すべき額とする返還金額の決定処分を受け
たことから、Ｚ市に対し、加算削除決定処分の無効確認および返還額決
定処分の取消しを求めるとともに、Ｚ市およびＺ市に対して助言・指導

を行う立場にあるW都に対し、国家賠償法1条1項に基づき慰謝料等を連帯して支払うよう求めた事案（東京地判平成31・4・17判時2427号3頁）です。

2　結論と争点── Z市の国家賠償責任

裁判所は、Sさんが通院先の医師との関係が良好ではなく、そのために精神障害者保健福祉手帳の更新手続を行えなかったものの、断続的に精神科や心療内科に通院しており、Z市福祉事務所長は、そのことを把握していたのだから、検診命令を発したり、通院先の医師に意見を求めたりするなどの必要な調査を行うなどして、Sさんの障害の程度の把握に努めるべき義務があったのに、その義務を尽くすことなく障害者加算削除決定を行ったとして、Z市福祉事務所長の行為は国家賠償法1条1項の適用上も違法であるといわざるを得ないと断じました。

なお、Z市は、Z市福祉事務所長が、各処分に先立ち、W都生活福祉部保護課指導係に対して、Sさんに関し、精神障害者保健福祉手帳の有効期限が経過した日の翌日の日以降の障害者加算を削除しなくてはならないかと照会を行ったところ、「認定期限が過ぎているため、障害者加算の事由に該当せず、保護費の返還が生じる」との回答を受けていたことから、各処分はW都の回答を尊重して行ったものであり、Z市福祉事務所長に過失はないと主張しましたが、裁判所は、W都の回答に法的拘束力ないこと、加算削除処分はSさんに対する保護の実施機関としての職務を行うZ市福祉事務所長自らの権限と責任において行うべきであることから、W都の回答に従ったことが、Z市福祉事務所長の過失を否定する事情とはならないとしています。

3　結論と争点── W都の国家賠償責任

裁判所は、Z市と連帯して国家賠償の支払いを求められたW都に関して、W都職員がZ市福祉事務所長に行った回答は法的拘束力をもつもの

ではなく、その回答を採用したのはＺ市福祉事務所長の判断であることから、Ｗ都職員の行った回答とＳさんに生じた損害との間に相当因果関係（その行為から通常、その結果が生じるといえる関係）が認められないとして、損害賠償責任を否定しました。

4　弁護士のひと言

　Ｓさんの保護に関する実施責任を負うのは保護の実施機関であるＺ市福祉事務所長であること、技術的な助言（地方自治法245条の４第１項）に法的拘束力はなく、Ｗ都の回答にＺ市福祉事務所長が従う法的義務がないことを考えたとき、Ｗ都の法的責任を否定した結論自体は穏当なものだと思います。なお、法的義務がないにもかかわらず請求に応じることは公金の支出の適正の観点から問題があることから、Ｗ都としては、裁判では、自ら誤った回答をしたことを棚上げしてでも、「Ｗ都に責任はありません、Ｚ市に支払ってもらいなさい」と堂々と主張せざるを得ないわけですが、Ｚ市福祉事務所長や職員の立場に立てば、「おいおい、それはないだろう」、「せめて、申し訳なさそうに主張しろよ」と言いたくなるかもしれませんね。

第7章

不正受給と住民訴訟

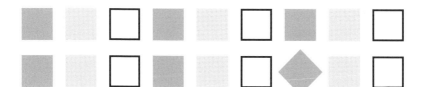

事例7-① 対応困難者の帰還

　Y市で生活保護を利用していたAさん（60歳代、男性）およびその妻であるBさん（50歳代、女性）は、平成18年3月13日、X市に転入し、X市福祉事務所長に対して生活保護の申請をした。Aさんは、申請の際、Y市内にあるL病院の医師が作成した「病名：C型肝硬変に伴う肝肺症候群、慢性呼吸不全（重症）」、「在宅酵素療法を施行中。最低月1回の通院診察、週1回のリハビリ治療を要す」、「移送に関しては民間救急車等の設備が充実したものが望ましい（Y介護福祉交通社など）」などと記載された診断書を持参し、高規格ストレッチャー対応型タクシー[21]を利用してL病院に通院したい旨述べた。なお、Aさん・Bさん夫妻の自宅からY市内のL病院までの距離は約85kmである。

　同月22日、X市福祉事務所でケース会議が開かれ、「最低生活維持困難、医療費支払い困難」との理由で、申請時にさかのぼりAさんらの保護を開始する決定がされたが、高規格ストレッチャー対応型タクシーによるL病院への通院を認めるべきか否かは、主治医に意見を確認して決めることとなった。その後、X市福祉事務所では、Aさんらの預貯金を調査したが、高額の預貯金は確認できなかった。また、警察に照会し、Aさんは元暴力団員ではあるが現役の暴力団員としては登録がない、との回答を得た。

21　高規格ストレッチャー対応型タクシーとは、主に寝たままの状態で移動しなければならない場合に利用されるタクシーです。原則として、少なくとも運転を担当する乗務員1名と介護および観察を担当する乗務員1名とが乗務します。搭載資器材は多種にわたり、酸素供給装置、吸引装置、点滴管理資器材、各種モニター等、救急車に劣らない設備が備えられます。

　同月30日、X市福祉事務所の職員が、L病院に赴き、Aさんの主治医に対し、Aさんの通院の必要性、高規格ストレッチャー対応型タクシーの利用の必要性等について尋ねたところ、主治医からは、「Aさんとしてはかなり辛い状態だと思うし、軽い肺炎でも致命傷になる可能性がある。L病院以外での通院も可能だとは思うが、現在、精神力で辛い状況を乗り切っている状態にあるので、転院は避けたほうがよい。また、通常は月1回の通院でよいが、ストレスを与えることは非常によくないので、週1回の通院は、Aさんの精神の安定を考えると必要だと思う。現在使用している高規格ストレッチャー対応型のタクシーは、Aさんの血中酵素量を考えると必要である」との意見を得た。帰庁後、㈲Y介護福祉交通社に高規格ストレッチャー対応型タクシーの利用料について電話で問い合わせると、介助員派遣料を含め8時間で20万円との回答があった。

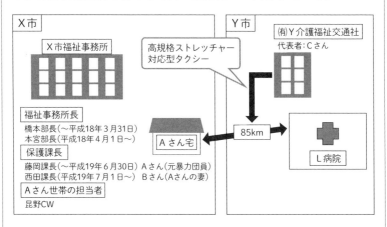

　同月31日、X市福祉事務所長である橋本部長（50歳代、男性）は、すでに明日付けで異動することが決まっていることもあって、寂しいような、ホッとしたような、複雑な気持ちで部長席の回りを整理整頓していた。そんなとき、昆野CW（30歳代、女性）から声をかけ

られた。決裁が欲しいらしく、心なしか申し訳なさそうにしている。福祉事務所長として最後の決裁か、と思い、内容を尋ねると、今月になって保護開始決定した保護利用者が高規格ストレッチャー対応型タクシーを利用してＹ市内のＬ病院に通院することを希望している、そのため、1回につき20万円の通院移送費の支給を認めてもらいたい、とのことだった。橋本部長は、通院移送費20万、なんじゃそら、と思いつつ、渡されたケース記録を読むうちに、少しずつ苦い記憶が蘇ってきた。Ａ、あのＡか！

　Ａさんは、平成9年8月29日から平成17年5月2日までの間、Ｘ市で生活保護を利用しており、その間、事あるごとにＸ市の複数の課に執拗に苦情・クレームを申し入れていた人物である。平成13年には、公営住宅の駐車場に停めていたＡさん所有の車両のボンネットの上に近所の子どもが乗って遊んでいたことによって損害が発生したと主張し、Ｘ市に補償を求め、どういうわけかＸ市がこれに応じてしまったという、ちょっとした事件もあった。橋本部長は、やっとＸ市から出て行ってくれたと思ってたのに1年足らずで戻ってくるとは、こんな無茶な決裁回してくるから何事かと思ったらＡの案件か、医師の診断書も意見もあるし、これで「通院移送費は支給しない」なんて言った日にはＡが何を言ってくるかわかったもんじゃないな、と苦々しい気持ちになった。通院移送費の支給を求める起案書面の保護課長決裁欄にふと目をやると、藤岡課長（50歳代、男性）の印が押してある。彼もたぶん同じ気持ちだろう。橋本部長は、結局、「君子、危うきに近寄らず」と心の中でつぶやくにとどめ、何も言わずに決裁印を押した。

Q24● 医師の意見と支給決定

　　　　通院移送費について、医師が必要との意見を出していて、その内容にもそれなりに説得力があると感じます。このような場合、必ず支給決定をすべきなのでしょうか。

A24

　生活保護の制度上、保護利用者は、原則として、その居住地等の比較的近距離に所在する医療機関を受診し医療扶助の給付を受けることになりますが、それでは対応が困難な場合、遠方にある適切な医療機関での受診が認められます。また、その場合、必要最少限度の範囲で通院に要する交通費（通院移送費）が支給されます。

　そして、福祉事務所長は、どのような場合に遠方にある医療機関の受診を認め、どの範囲で通院移送費を支給すべきかについて決定するにあたり、医師に意見を求めたうえで、その意見を参照しつつ判断することになります。福祉事務所長はじめ職員は医学的な専門知識を有していませんので、医師の意見は判断の重要な要素とはなりますが、絶対ではないことに留意する必要があります。

　というのも、医師の使命は患者を治療することです。そして、どれほど医療科学の進歩が目覚ましくとも、いまだ患者の訴える症状すべてが画像検査や医療検査により客観的に捉えることができるわけではありません。したがって、そのような他覚的所見がなくとも、患者が症状を訴え治療を望む限り、医師としては、万全を期するために治療の必要性ありと考えるのが通常と思われます。また、患者の経済的負担を軽減する公的制度があるのであれば、それを可能な限り利用できるよう便宜を図

るということも十分あり得ます。つまり、医師の意見には生活保護の適正という視点が欠けていますので、その点については福祉事務所長が責任をもって判断する必要があります。

　X市福祉事務所長であった橋本部長は、L病院への週1回の通院、通院時には高規格ストレッチャー対応型タクシーの使用が必要とのAさんの主治医の意見を踏まえ、高規格ストレッチャー対応型タクシーによるL病院への通院移送費（1回20万円）を支給する決定をしています。ですが、①週1回通院して行われる治療はその必要性が医学的に証明されうるものなのか、②Aさんが仮に生活保護基準を十分上回る、ごく平均的な給与所得を得ていたとして、1回20万円ものタクシー代を自ら支払って週1回L病院に通院するだろうか、そういったことを十分検討したうえで、生活保護の適正の観点から、通院移送費について支給決定すべきではなかったと思われます。

事例7-② ケース記録についての違和感

　平成18年4月1日、X市役所で人事異動があり、新たに本宮部長（50歳代、男性）がX市福祉事務所長に就任した。本宮部長は、前任の橋本部長から「Aが戻ってきたぞ、御愁傷様」と声をかけられ、就任初日から気持ちが晴れないでいた。

　同月24日、本宮部長は、昆野CWから、Aさんに対する通院移送費の支給の決裁を求められた。Aさんが来庁し、L病院通院のために㈲Y介護福祉交通社にタクシー代340万円をすでに支払ったとして、その同額の支給を求めている、支給してよろしいか、とのことだった。ケース記録に目を通すと、㈲Y介護福祉交通社がAさん宛に発行した額面340万円の領収書の写しとともに、340万円の原資について、Aさんが知人から借りたと述べた旨の記述がある。その一方で、知人から借りたという340万円を収入認定すべきか否か検討した形跡はない。

　本宮部長は、「340万円」「知人」「借りた」といったワードにモヤモヤしたものを感じ、ふと起案文書の保護課長決裁欄を見ると、藤岡課長の印が押してあった。昆野CWに、「藤岡君は、何か言ってた？」と尋ねると、「特に何も言われてません」とのこと。本宮部長は、このモヤモヤを言葉にしたら、たぶん面倒なことになる、これ以上考えるのはやめるんだ、藤岡君だって僕と同じ気持ちに違いない、と自分に言い聞かせ、「Aさんに、『今後はうちから直接、会社にタクシー代を支払うので、立替払いしないでください』って、ちゃんと指導しといて」とだけ告げて、起案文書の福祉事務所長決裁欄に印を押した。

＊

> 　5月18日、本宮部長は、昆野CWから、Aさん世帯のケース記録
> について決裁を求められた。ケース記録には、同日付けで、「市の
> 会計課より、Y介護福祉交通社から送られてきた請求書に記載され
> た振込先口座が代表者Cさん個人名義であるとの指摘あり、Y介護
> 福祉交通社に電話して確認したところ、法人名義の銀行預金口座は
> ないとの回答」と記述があった。本宮部長は、再び胸に込み上げて
> きたモヤモヤに蓋をし、「考えたら負けだ、頭を空っぽにするんだ、
> 心を無にしろ、本宮」と繰り返しつぶやきながら、福祉事務所長決
> 裁欄に印を押した。

Q25● 違和感があるときの対応①

　　　　　保護利用者の話を聞いて、その内容について、日本語として
理解できても、何かモヤモヤする、すっと頭に入ってこない、事実とし
て受け止めるには違和感がある、そういったことがあります。その違和
感から目を逸らしてしまっても問題ないでしょうか。

A25

　問題があります。

　本宮部長に限らず、「ねえねえ、これっておかしくない？」、某名探偵
でなくともそう言わずにはいられない場面で、「見ざる言わざる聞かざ
る」を頑なに貫く人がいます。確かに、「おかしい」と言葉にしてしま
えば何らかの対応を求められ、また、対応してしまえばその是非が人事
評価の俎上に上がってしまう以上、トラブルの種から一歩距離をおく、
つまり、せっかく感じることができた違和感から目を逸らし、あわよく

ば自分以外の誰か（後任者）が火中の栗を拾ってくれるのを期待して「君子危うきに近寄らず」と嘯くのは、組織で生きるための1つの処世術なのかもしれません。

　ですが、「知らなかった」、「気づかなかった」と言いさえすれば責任を免れる、これがまかり通れば組織は崩壊します。そのため、法は、わずかな注意さえすれば、たやすく違法有害な結果が生じると予想できたにもかかわらず、これを見過ごし、案の定の結果が発生したときは、そのような注意欠如が「重過失」に基づく職務怠慢にあたるとして、「故意」（わざと違法有害な結果を生じさせた）と同程度の責任を問います。特に、公金支出にかかわる地方公務員の法的責任は洒落にならないほど重いものですから（どれほど洒落にならないかは後掲していますので、参照してください）、幸せな老後を迎えるためにも、違和感がある、そう感じた以上、その違和感から目を逸らさないことを強くお勧めします。

Q26● 違和感があるときの対応②

 保護利用者の話を聞いて違和感を感じたとき、どのように対応すべきでしょうか。

A26

　違和感を感じたときは、その違和感が解消されるまで、事実確認に努めるべきです。

　たとえば、Ａさんは、㈲Ｙ介護福祉交通社に対して立て替えて支払った340万円の原資について、「知人から借りて支払った」と述べています。ですが、現実問題として考えたとき、保護利用者であるＡさんに340万

円もの大金をポンッと貸してくれる知人など存在するのでしょうか？
皆さんなら、そんな大金貸せますか？

　もっとも、Ａさんが嘘をついていると断定してしまうには時期尚早で
す。自分に有利な点だけを強調して話し、不利な点を隠してしまうのは
人間の哀しい性です。その性ゆえに、話の聞き手であるあなたには見え
ていない、何か隠された事実があるために、見えている事実だけをつな
ぎ合わせたものが歪な形をしているだけなのかもしれないからです。ま
ずは、何か見えていない、隠された事実が存在するか否か、それを見極
める必要があります。

　以上を踏まえると、本宮部長は、Ｘ市福祉事務所長として、Ａさんに
対し、

① 　Ａさんに340万円もの大金を貸し付けた知人とは具体的に誰か
② 　Ａさんと知人の関係
③ 　貸付金の原資は何か
④ 　Ａさんと知人との間で消費貸借契約書や領収書は作成されたか
⑤ 　知人からＡさんへの貸付けの方法は現金払いか口座振込みか
⑥ 　㈲Ｙ介護福祉交通社への支払いの方法は現金払いか口座振込みか
に関し、少なくとも説明を求めるべきだったといえます。

Q27 ● 違和感の解消

　　　　違和感を解消するため、さらに踏み込んで説明を求めても、
話をはぐらかす保護利用者がいます。どのように対応すればよいですか。

A27

　どうせ聴いたところで、まともな説明なんか返ってこないのだから、聴くだけ無駄じゃないか、そんな諦めの気持ちが先行してしまうかもしれません。実際、そのとおりであることが多いのも事実ですが、聴くことは無駄ではありません。

　X市福祉事務所長である本宮部長は、通院移送費の支給決定を求めるAさんに対し、その決定に必要な事項について報告を求めることができ（生活保護法28条1項）、Aさんが報告しないときには申請を却下できるのですから（同条5項）、Aさんとしても、実際に340万円を知人から借り受けて㈲Y介護福祉交通社に立替払いをしていたのであれば、それこそ、それが事実であることを死に物狂いで説明しようとするはずです。何も5年も10年も以前のことだとか、夕食の献立やトイレに行った回数といった日常的で記憶に残りにくい事柄について尋ねているわけではありません。ごく最近の、340万円もの大金のやりとりという嫌でも記憶に残る非日常な出来事について尋ねているのですから、「憶えていない」、「思い出せない」などといったことはあり得ない話です。説明する義務があり、説明する強い動機も存在する、加えて説明することが容易であるにもかかわらず、Aさんが説明をしないのであれば、それは立替払いの事実が存在しないから説明できないのだと考えるほかなく、説明をしないAさんの態度そのものが立替払いの事実が存在しないことを証明する重要な状況証拠となります。

　以上を踏まえると、むしろ、Aさんに対してきちんと聴取りを行い、「説明を求めたが、『憶えていない』と言われた」、「説明を求めたところ、『プライバシーにかかわることだから話したくない』と言われた」など、質疑の結果をケース記録に記載しておくことは、適正な保護を実施する

うえで必要不可欠といえます。

Q28 ● 証拠の評価

　Ａさんが㈲Ｙ介護福祉交通社に340万円を支払ったと述べて
いることについて、確かにその原資（出所）には疑問を感じます。です
が、Ａさんは㈲Ｙ介護福祉交通社が発行したＡさん宛の額面340万円の
領収書を持参しています。この領収書に基づき、Ａさんから㈲Ｙ介護福
祉交通社に340万円の支払いがあった事実を認定して問題ないでしょう
か。

A 28

　問題があります。証拠はただあればよいというものではありません。
明らかとなっているすべての事実を全体としてみたときに、その証拠が、
いかなる事実を証明するのに、どの程度役に立つのかを評価して初めて、
証拠は意味をもちます。

　確かに、額面が1000円や１万円といった現金決済が想定される少額で
ある場合、領収書を証拠として支払いがあった事実を認定しても問題が
生じないことがほとんどです。ですが、額面が340万円という大金であ
れば事情が異なってきます。

　仮に、知人→Ａさん、Ａさん→㈲Ｙ介護福祉交通社へと金銭の移動が
あった事実を証明する物的証拠（銀行預金口座の取引履歴、振込明細書な
ど）が存在しない、つまり、そのような事実が存在したとは考えがたい
状況において、㈲Ｙ介護福祉交通社がＡさんに宛てて発行した領収書に
は、Ａさんが㈲Ｙ介護福祉交通社に340万円を支払った事実を証明する

証拠としての価値はほとんど認められません。領収書自体はＡさんと㈲Ｙ介護福祉交通社間とで共謀すれば容易に作成できるものだからです（銀行預金口座の取引履歴が、いかに共謀しようとも、現実に現金を移動させなければ作出できないことと対照的です）。むしろ、Ａさんと㈲Ｙ介護福祉交通社の間に、金銭の移動という実態を伴わない領収書の発行を求め、それに応じることができる程度の緊密な関係性が存在するという事実を証明する証拠としての価値のほうがより大きいといえます。そして、そのような領収書を発行する動機は保護費の不正受給以外に考えにくいでしょう。

　したがって、本宮部長が後日、㈲Ｙ介護福祉交通社の発行した領収書があったので、Ａさんが340万円を立て替えた事実が存在すると認定した自身の判断に誤りはないと主張したとしても、証拠のもつ意味の検討をあまりに疎かにした、職務怠慢との批判は免れないと思われます。

Q29● 証拠がない場合の事実認定

　Ａさんが知人から340万円を借りたと述べているとして、その事実を裏づける証拠がない場合、どのように事実認定をすべきでしょうか。

A29

　実態を伴わない証拠を作出することが比較的容易であるのに対し、存在した事実をその痕跡から跡形もなく消し去ってしまうことは非常に困難です。ですから、一般的に、事実を認定するうえで証拠の存在が重要であることはもちろんなのですが、存在するはずの事実、あるいはその

痕跡（証拠）が存在しないことにはより重大な意味があると考えられます。

　そのことを踏まえ、本宮部長は、Ｘ市福祉事務所長として、Ａさんの担当である昆野CWに対し、以下の事実関係について、十分に吟味したうえで、その結果をケース記録に残すよう指示すべきであったといえます。

〔Ａさんと知人間の金銭消費貸借契約書もしくは領収書〕

　Ａさんが知人から340万円を借り受けたのが事実であれば、特段の事情がない限り、それを裏づける金銭消費貸借契約書もしくは領収書が存在するはずです。いくら親しい仲だとしても、それほどの大金を口約束だけで貸し付けるとは常識的に考えられないからです。仮に金銭消費貸借契約書や領収書が存在するからといって、現実に知人がＡさんに340万円を貸し付けた事実が存在すると認定することには慎重であるべきですが（Ａさんと知人が共謀すれば、実態を伴わない書面の作成は極めて容易だからです）、これらの書面が存在しないのであれば、そのことは、Ａさんが知人から340万円を借り受けた事実は存在しないことを強く推認させる状況証拠となります。

〔預金口座の取引履歴〕

　現実に340万円もの大金が知人→Ａさん、Ａさん→㈲Ｙ介護福祉交通社へと移動したのであれば、知人、Ａさんあるいは㈲Ｙ介護福祉交通社名義の預金口座の取引履歴にはその痕跡が残っていると考えるのが自然です。すべての取引がその都度、340枚の１万円札を１枚１枚数える手間をかけ、紛失等のリスクを負いつつ行われたとは常識的に考えにくいからです。正確な会計処理が要求される会社組織である㈲Ｙ介護福祉交通社がかかわっているのであれば、なおさらです。

　仮に、知人、Ａさん、㈲Ｙ介護福祉交通社いずれの名義の預金口座に

も340万円の存在を示す痕跡が一切存在しないのであれば、そのことは、Aさんが知人から340万円を借り受けた事実も㈲Y介護福祉交通社に立替払いした事実も存在しないことを強く推認させる状況証拠となります。

〔法人名義の預金口座〕

㈲Y介護福祉交通社は、昆野CWからの問合せに対し、法人名義の銀行預金口座はないと回答しています。法人が法人名義の預金口座を作成することは法律上の義務ではありませんが、法人が事業を行ううえで、法人と代表者の資産を明確に区別して取り扱うことは必須です。ですから、法人が法人名義ではなく代表者個人名義の銀行預金口座を利用していると、そもそも法人の実態が存在しない、あるいは脱税（所得隠し）や横領など何らかの不正が行われる可能性があるとして、取引先からの信用が得られなかったり、国税庁から目をつけられたりと、デメリットしかありません。現実に事業を行っている法人が取引に法人名義の口座を利用していないというのは、常識的に考えて不自然です。

　以上を踏まえると、法人名義の銀行預金口座が存在しないとして振込先に代表者個人名義の口座を指定すること自体、何らかの不正（振り込まれた金額を法人の売上に計上することなく、代表者の懐に入れてしまう等）が行われていることをうかがわせる状況証拠となります。

事例 7 - ③　医師の意見

　X市では、市の事務決裁規程に基づき、100万円超の保護費の支給について福祉事務所長（市民部長）が、100万円以下の保護費の支給について保護課長が「専決」（あらかじめ認められた範囲内で、自らの判断で常時市長に代わって決裁すること）できるとされ、また、福祉事務所長（市民部長）が出張、欠勤等により不在のときには、保護課長が「代決」（決裁責任者に代わって決裁すること）できるとされている。

　そして、本宮部長も藤岡課長も、Aさんから通院移送費の請求がある都度、特に異議を述べることなく支給決定の決裁をしていた。

＊

　藤岡課長の座右の銘は「触らぬ神に祟りなし」。これといった実績もない代わりに、トラブルらしいトラブルを起こしたこともなく、気づけば課長職にまでなっていた。当然、ハードクレーマーであるAさんの噂は常々耳にしており、Aさんとは極力事を構えたくないと考えていた。

　平成18年8月、保護開始からすでに5か月が経ち、いよいよ遠慮がなくなってきたのか、Aさんは、毎日、L病院に通院するようになっていた。これに気づいた藤岡課長は、さすがに毎日20万円もかけて通院することを認めてしまうと、県から「いっそ入院させろ」と言われたりしないか、と不安に思い、昆野CWに対し、とにかく事を荒立てないようにと釘を刺したうえで、「L病院に行って、Aさんの先生から、AさんがL病院に毎日通院することが必要な理由を聴いてきて」と指示を出した。

　同月20日、昆野CWがL病院に赴いてAさんの主治医から聴取し

たところ、「傷病名は慢性肝硬変であり、現在、服薬治療と注射（強ミノ）による治療を行っている。強ミノについては、Ａさん本人の強い希望により毎日注射している。この毎日の注射によって現状が保たれているのかどうかはわからないが、むしろ安定していることからも、Ａさんの希望である毎日の注射を断る理由はない。逆に、断ることにより精神的な安定を侵すことになるかもしれず、頻回受診だとは考えていない。病状的に入院の必要はなく、通院が大変であれば地元の病院で治療すればよい話である。当院でなければ治療できないわけでない」との回答を得たとのことだった。

　これを聴いた藤岡課長は、主治医も「頻回受診だとは考えていない」と言ってることだし、このまま通院移送費の支給を続けても、とりあえず説明はつくな、とホッと一息ついた。

＊

　同年10月、ＡさんがＸ市福祉事務所を訪ねてきて、妻であるＢさんについて、めまいの症状があるためにＬ病院耳鼻咽喉科に通院をしている、今後、通院に高規格ストレッチャー対応型タクシーを利用したいと申し出た。藤岡課長は、昆野ＣＷからこの報告を受け、めまいで通院？　しかも、1回20万もかかるタクシーに乗って？さすがにこれは厳しくないか、と思わずため息をついた。

　こればかりはダメだと言わないとしょうがないか、本当に気が重いなあ、とさすがの藤岡課長も半ば覚悟を決めつつあったところ、Ｂさんの主治医から届いた給付要否意見には、「2年前からめまいの症状がある。当科にて精査加療を勧める。タクシー（ストレッチャー）について、1か月に16日の移送の給付を要する」と記載されていた。藤岡課長は、この思いがけない朗報を受け、まさか、医師がこれを認めてくれるなんて、これなら安心してＢさんにも通院移送費を支給できるな、と1人ほくそえんだ。

105

　結局、藤岡課長も本宮部長も、Ｂさんが高規格ストレッチャー対応型タクシーを利用してＬ病院に通院することについて異議を述べなかったため、Ｘ市福祉事務所として、Ｂさんに対し、Ｌ病院への通院を認め、１回20万円の通院移送費を支給する決定をした。

＊

　その後まもなく、Ｘ市福祉事務所に対し、㈲Ｙ介護福祉交通社から高規格ストレッチャー対応型タクシーの料金を１回25万円に値上げしたいとの申出があった。藤岡課長も本宮部長も、これに異議を述べることなく、同年11月１日以降のＡさん・Ｂさんに対する通院移送費を１回25万円とすることを認めた。

Q30● 医師の意見が不合理であるときの対応

　　　　　通院移送費について、医師が必要との意見を出しているのですが、その内容に説得力はないと感じます。このような医師の意見を踏まえ、どう対応すべきでしょうか。

A30

　医師の意見が絶対ではないことについては、すでにＱ24で述べました。さらにもう一歩踏み込んで、医師の意見であっても信用してはならないケースもあります。医師は、患者の治療に関し、まさにその専門家なのですから、医療扶助の給付に関する要否の判断について、その意見は十分に尊重されるべきです。裏を返すと、医師の意見が尊重されるべき理由は、その専門性に基づくわけですから、医師の意見が（専門性を持ち出すまでもなく）常識で考えて明らかに不合理と考えられるときに

まで、その意見を尊重すべき理由はありません（残念ながら、保護利用者の過剰診療など、医師が保護費の不正受給に積極的に関与するケースも皆無ではありません）。

　Bさんは、めまいの症状を理由に、高規格ストレッチャー対応型タクシーを利用してL病院に通院することを希望し、主治医も通院移送費の給付が必要だとの意見を述べています。ですが、常識で考えたとき、めまいの症状があるにすぎない患者の通院に、介護担当乗務者の付添いに加え、酸素供給装置、吸引装置、点滴管理資器材、各種モニター等、救急車に劣らない設備が備えられる高規格ストレッチャー対応型タクシーを必要とする合理的な理由はおよそ見当たりません。本宮部長は、X市福祉事務所長として、主治医の意見に囚われることなく、Bさんの通院移送費の給付申請を却下すべきであったと考えます。

事例 7-④　不正受給の発覚

　翌平成19年 2 月、Ｘ市の監査委員は、Ａさん・Ｂさん夫妻が不当
に高額な通院移送費の支給を受けているのではないかと疑い、調査
を開始した。

　同年 5 月、Ｘ市の監査委員は、Ｘ市長に対し、

① 　平成18年度中のＡさんの通院日数は291日、移送費支給額は
8701万円、Ｂさんの通院日数は84日、移送費支給額は2200万円
となっており、一般的な個人が支払う移送費としては考えられ
ないほど過大であること

② 　移送費の業者払いが㈲Ｙ介護福祉交通社の法人名義の口座で
はなく、代表者の個人名義の口座に振り込まれていること

③ 　㈲Ｙ福祉交通社名義の請求書が手書きであり、移送費の内訳
（移動時間等）も記載されていないこと

から、移送費が㈲Ｙ介護福祉交通社の売上に計上されることなく、
Ａさんらに還流されている可能性が疑われる旨報告した。

＊

　同じく 5 月、本宮部長は、副市長から、監査委員の調査結果につ
いて伝えられた。それとともに、市長が怒り狂っている、とにかく
適正に対応するように、と釘を刺された。副市長も市長から相当詰
められたらしい、疲れ果てた顔をしている。本宮部長は、市長だっ
てまったく気づかなかったわけないだろうに、と白々とした気持ち
になったが、それを口にしてしまえば、待っているのは責任のなす
りつけあい、戦争しかないだろう。黙って副市長の愚痴を聴いてい
た。

　本宮部長は、副市長との面談を終えた後、Ａさん・Ｂさん夫妻へ

の対応について、藤岡課長と相談することにした。藤岡課長が、不正受給については寝耳に水だとさも驚いた様子で、「信じられない」、「まさか」といった言葉を繰り返すので、本宮部長も、さすがに、「ちょっと猿芝居がすぎませんか」と言いたくなったが、やめておいた。そして、この件にかかわった全員が、Aさん・Bさん夫妻の不正受給について、まったく気づかなかったで通すしかないんだ、とあらためて認識した。

　同年6月、X市福祉事務所内で何度か協議を重ね、Aさん・Bさん夫妻の不正受給について、X市福祉事務所ではどう対応すればよいか判断しかねる、X警察署に相談してその指示に従うべし、との結論に落ち着いた。

＊

　平成19年7月1日、X市役所で人事異動があり、藤岡課長に代わり西田課長（50歳代、女性）がX市保護課長に就任した。

　西田課長は、保護課長になる以前から、Aさん・Bさんの不正受給の噂を耳にしていたので、この人事異動を恨めしく思ったが、不正受給はすでに起こってしまったこと、警察の判断に任せるという方針もすでに決まったこと、私は言われたことをやるだけ、責任をとるのは本宮部長と藤岡課長、と割り切って考えることにした。

　その後、西田課長は、本宮部長の指示に従い、㈲Y介護福祉交通社に対し、請求書に運行表を添付することと、振込先口座を法人名義の口座に変更することを求めたが、㈲Y介護福祉交通社の反応は鈍く、こちらの求めに応じる気配はなかった。西田課長は、本宮部長も、警察に任せきりだとバツが悪いので、単なるアリバイづくりで指示しただけだろう、と高を括っており、それっきり、㈲Y介護福祉交通社に改めて連絡をすることもしなかった。

＊

109

同年11月、本宮部長は、Ｘ警察署より、Ａさん・Ｂさん夫妻の不正受給について逮捕できるだけの証拠が揃ったので被害届を出してもらいたい、との打診を受け、同月16日、Ｘ市長名でＡさん・Ｂさん夫妻による通院移送費詐欺の疑いでの被害届を提出した。

Ｘ警察署は、同月19日にＡさんを、同月21日にＢさんをそれぞれ詐欺の嫌疑で逮捕し、また、Ｘ市福祉事務所では、Ａさん・Ｂさんに対する保護を、その逮捕日にそれぞれ停止した。

その後、両名が詐欺罪の罪名で起訴されるのを待って、本宮部長は、12月29日、Ａさん・Ｂさん夫妻に対する保護を廃止する旨決定した。なお、この時点で、Ａさん・Ｂさん夫妻に対して支給された通院移送費の総額は２億3886万円にまで膨れ上がっていた。

Q31 ● 警察への相談と保護の停止・廃止の判断

本宮部長は、Ａさん・Ｂさん夫妻による保護費の不正受給について、警察に相談をしています。警察に相談した以上、保護の停止・廃止は警察の捜査の結果を待って行うべきでしょうか。

A31

　本宮部長は、Ｘ市監査委員の報告を受け、Ａさん・Ｂさん夫妻による通院移送費の不正受給の疑いについて、もはや見て見ぬ振りができなくなったはずです。保護費の不正受給、しかもこれほど多額ともなると刑事処罰も視野に入れて対応する必要がありますから、Ｘ警察署に相談したことは間違いではありません。

　ですが、警察に相談しました、後は警察の判断に従いましょう、とい

うわけにはいきません。Aさん・Bさんに刑事処分を課すべきか否かの判断とは別に、X市福祉事務所長である本宮部長には、保護の実施機関として、Aさん・Bさん夫妻に対する保護を継続するか否かの判断をする責任があるためです。判断を先延ばししている間に毎月1000万円を超える公金がAさん・Bさん夫妻に不正に支給されるかもしれない状況にあったことも踏まえると、本宮部長は、X市監査委員からの報告を受けた後、速やかに、X警察署に相談するだけでなく、保護をいったん停止したうえで、自ら不正受給の有無について調査すべきでした。

　なお、ケースによっては、警察から、不正受給が疑われる保護利用者に警戒心をもたれることなく捜査を進めるため、保護を従前どおり支給するよう要請を受けることもあり得ます。そのような場合であっても、福祉事務所長は、警察の要請を踏まえつつも、自らの責任で保護の停止・廃止の判断をする必要があります。

Q32● 市長としての適切な対応

　　　　　　Aさん・Bさん夫妻による保護費の不正受給の疑いが明らかになった後でも、本宮部長は、その対応に及び腰だったようです。本宮部長にそのまま任せるというX市長の判断に問題はなかったのでしょうか。

A32

　保護の実施機関として、不正受給が疑われるAさん・Bさん夫妻に対し、保護の停止等の適正な対応を行う職務上の義務を負うのは、X市福祉事務所長である本宮部長です。それをしない本宮部長がけしからんと

言うのは簡単ですが、では、本宮部長に任せてしまったＸ市長の対応には何ら問題はなかったといえるでしょうか。

　本宮部長の立場に立てば、散々見て見ぬ振りをしてきて（本人は「まったく気づかなかった」と言って否定するでしょうが）、今さらＡさん・Ｂさん夫妻に対して「不正受給が疑われるので、保護をいったん停止します」と告げることが相当高いハードルであることは容易に想像がつくはずです。「今まで、何も言ってけえへんかったやろが。今さら何を言うてんねん。こっちも出るとこ出てもかまへんのやで」、Ａさんが死なば諸共、失うものは何もないとばかりに繰り出す厳しいクレームを迎え撃つ覚悟が求められるからです。事態をここまで大きくしたのは本宮部長の責任でもあるのだから、「自分のケツぐらい自分で拭け」とのゲキもそれはそれでもっともなのですが、本宮部長が対応を先送りしている間に毎月1000万円を超える税金がＡさん・Ｂさん夫妻に不正に支給されるかもしれないこの期に及んでは、そうも言ってはいられないでしょう（結局、保護の停止はＡさん・Ｂさんが逮捕されるまで持ち越され、その間にも数千万円の税金が不正に支給されています）。

　地方公務員法による職員の身分保障を考えたとき、本宮部長を速やかに懲戒・分限処分に付し、後任者を据えるという対応は困難です。加えて、そもそも後任者への引継ぎに時間を要するようでは本末転倒です。ですから、Ｘ市長としては、被害の拡大を可能な限り抑えるためにも、速やかに、本宮部長に保護の停止を行うよう指示したうえで、Ａさん・Ｂさん夫妻への対応については外部の弁護士に依頼するなどして本宮部長に代わる窓口を設けるなど、適切に処理すべきだったと考えます。

事例7-⑤ 住民訴訟

　平成20年3月、Aさん・Bさん夫妻による生活保護費の不正受給（詐欺）事件について、公判（刑事裁判）が始まった。公判では、Aさんが不正に受給した保護費を原資として複数台の高級車、Y市内の複数のマンションを購入していたうえ、毎晩のように高級レストランで食事をし、キャバクラで豪遊するなどしていたことが明らかとなり、また、それらの事実が大きく報道された。

＊

　同年4月、本宮部長は、市長室に呼ばれ、X市長から、Aさん・Bさん夫妻による保護費の不正受給に関し、停職2か月の懲戒処分に付するつもりだと告げられた。藤岡課長・西田課長も同罪らしい。説明も糞もない、「言わんでもわかるな」、「覚悟はできてるな」という有無を言わさぬX市長の物言いに、本宮部長はただうなずくしかなかった。

＊

　その後、X市の住民有志がX市長を被告として、Aさん・Bさん夫妻に対して支給された通院移送費に関して、支給決定に関与した当時のX市福祉事務所長である本宮部長、当時の保護課長である藤岡課長および西田課長に対し支出額相当の損害賠償請求または賠償命令を行うよう求めて住民訴訟を提起した。

　X市長は、Aさん・Bさん夫妻に対する通院移送費の支給は医師の意見に従ったもので、不正受給に気づくことができなかったことについて本宮部長らには落ち度がない、したがって、X市が本宮部長らに対して損害賠償請求する理由がないとして争った。第一審判決言渡し、控訴審、控訴審判決言渡しを経て、判決が確定したとき、

すでに提訴から約6年が経過し、本宮部長ら3名は全員定年退職を迎えていた。

平成9年	
8月29日	Aさん・Bさん夫妻、X市での生活保護開始決定
平成17年	
5月2日	Aさん・Bさん夫妻、X市からY市に転出したため、X市での保護廃止
平成18年	
3月13日	Aさん・Bさん夫妻、Y市からX市に転入、それに伴いX市福祉事務所長に生活保護を申請 Aさん「高規格ストレッチャー対応型タクシーを利用してL病院に通院したい」
3月22日	Aさん・Bさん夫妻の生活保護開始決定
3月31日	高規格ストレッチャー対応型タクシーによるL病院への通院移送費（1回20万円）支給決定
4月1日	X市福祉事務所長交替、橋本部長→本宮部長
4月24日	Aさん、340万円の領収書を持参し、立て替えた通院移送費の支給を請求 本宮部長（X市福祉事務所長）、Aさんに対する通院移送費の支給を決定
5月18日	X市会計課「㈲Y介護福祉交通社の請求書に記載された振込先口座が代表者個人名義である」 ㈲Y介護福祉交通社「法人名義の銀行預金口座はない」
8月某日	Aさん、毎日、L病院に通院するようになる 主治医「Aさんの希望により毎日注射している」「断ることにより精神的な安定を侵すことになるかもしれず、頻回受診だとは考えていない」「通院が大変であれば地元の病院で治療すればよい」
10月某日	Bさん、めまいの症状を理由にL病院への通院を希望 Bさんの主治医「タクシー（ストレッチャー）について、1か月に16日の移送の給付を要する」 本宮部長（X市福祉事務所長）、Bさんに対する通院移送費の支給を決定
11月1日	通院移送費値上げ、1回20万円→1回25万円
平成19年	
2月某日	X市監査委員、Aさん・Bさん夫妻の通院移送費について調査開始
5月某日	X市監査委員、X市長に対し、Aさん・Bさん夫妻に関する調査結果（不正受給の疑い）を報告
6月某日	X市福祉事務所、Aさん・Bさん夫妻に関しX警察署に相談
7月1日	保護課長交替、藤岡課長→西田課長
11月16日	X市長、X警察署に対し、Aさん・Bさん夫妻による通院移送費詐欺の疑いで被害届提出
11月19日	Aさん逮捕、生活保護停止

11月21日	Bさん逮捕、生活保護停止
12月29日	Aさん・Bさん夫妻の生活保護廃止
平成20年	
3月某日	Aさん・Bさんに対する公判(刑事裁判)開始

Q33 ● 地方公務員の損害賠償責任①

 　福祉事務所職員の落ち度によって生活保護費の不正支給がされた場合のように、違法な予算執行が生じた場合、当該職員はどのような法的責任を問われるのでしょうか。

A33

　労働者がその故意または過失に基づき職務遂行上必要な注意を怠って雇用主に損害を与えた場合、労働者は債務不履行に基づく損害賠償責任を負います（民法415条1項）。なお、雇用主にも指導監督上の落ち度等がある場合、労働者が雇用主に対して負うべき損害賠償責任（金額）は軽減されます。

　違法な予算執行が生じた場合、地方公務員も雇用主である地方公共団体に対してこの民事上の債務不履行責任を負います。

　もっとも、地方公務員のうち、財務会計上の権限を有する者（例：市長、地方公営企業の管理者）、あるいはこれらの者から財務会計上の権限について委任を受けた職員（例：福祉事務所長）、専決することを任された職員（例：保護課長）が、支出負担行為等に起因して地方公共団体に損害を与えた場合には、故意または重大な過失が認められなければ損害

115

賠償責任は負わないとして責任が軽減される一方で、地方公共団体の長
による賠償命令という行政処分によって簡易かつ迅速に損害の補てんが
図られる、地方自治法243条の2の2第1項に基づく公法上の特別な損
害賠償責任を負い、民事上の債務不履行責任は負わないと考えられてい
ます。

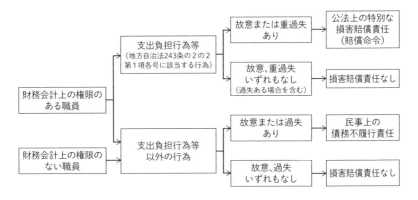

Q34 ● 地方公務員の損害賠償責任②

福祉事務所職員が雇用主である地方公共団体に対し損害賠償
責任を負うとして、地方公共団体から必ずその支払いを求められること
になるのでしょうか。

地方公共団体の長は、客観的に存在する地方公共団体の債権を理由な
く放置したり免除したりすることは許されず、原則として、その行使ま
たは不行使について裁量はないと考えられています（最二小判平成16・
4・23民集58巻4号892頁）。

116

　したがって、地方公共団体の職員が雇用主である地方公共団体に対して職務怠慢を理由とする損害賠償責任を負う場合、法律上、地方公共団体の長は当該職員に対して損害賠償請求あるいは賠償命令をしなければならず、しないという選択肢はありません。

　ですが、現実問題として、地方公共団体の長が部下である職員に対する損害賠償請求権を放置する例は後を絶たないようです。企業のオーナー経営者と異なり、地方公共団体の長は、地方公共団体が損害を受けても、自らの懐が痛むわけではありません。にもかかわらず、損害賠償請求あるいは賠償命令などして、職員から反発を受けるリスクを負いたくないといったところでしょうか。

　これでは、地方公共団体の財務の適正を確保できませんから、法は、地方公共団体の住民が地方公共団体の長に対し、職員に対する損害賠償請求あるいは賠償命令を行うことを求める訴訟類型を認めており、これを住民訴訟といいます（地方自治法242条の2第1項4号）。

事例7-⑥ 福祉事務所長の損害賠償責任

　裁判ではX市長の主張はほとんどが退けられ、X市福祉事務所長であった本宮（元）部長に関しては、以下の内容で判決が確定した（後掲札幌高判平成26・4・25も同様の判断）。

〔公法上の特別な損害賠償責任〕

　本宮（元）部長に関し、生活保護の実施についてX市長からX市福祉事務所長として委任を受けており、自ら決裁して支給したAさん・Bさんに対する通院移送費については、財務会計上の権限のある職員として、地方自治法243条の2の2第1項に基づく損害賠償責任の有無が問題となる。

　そして、本宮（元）部長には、X市福祉事務所長として、Aさん・Bさん夫妻が高規格ストレッチャー対応型タクシーでL病院へ頻繁に通院することを真に必要とし、このような通院を認めても生活保護の趣旨に反しないかを慎重かつ十分に検討すべき義務があり、そのような対応をとってさえいれば、遅くとも平成19年3月末日までには、Aさん・Bさん夫妻に対する通院移送費の支給を停止・廃止する結論に至り得たはずである。

　したがって、平成19年4月1日以降に本宮（元）部長自ら決裁して行ったAさん・Bさん夫妻に対する通院移送費の支給（計9605万円）は違法であり、かつ、その支給について著しい注意義務違反（重過失）が認められるので、本宮（元）部長は、違法に支給してX市に損害を与えた9605万円について、X市に損害賠償する地方自治法243条の2の2第1項に基づく損害賠償責任を負う。

　以上を踏まえ、X市長は、本宮（元）部長に対し、9605万円および遅延損害金の賠償の命令をせよ。

〔民事上の債務不履行責任〕

　本宮（元）部長に関し、藤岡（元）課長および西田（元）課長が専決もしくは代決して支給したＡさん・Ｂさん夫妻に対する通院移送費については、財務会計上の権限のない職員として、民事上の債務不履行責任の有無が問題となる。

　そして、本宮（元）部長には、平成19年４月１日以降、保護課長が決裁して行ったＡさん・Ｂさん夫妻に対する通院移送費の支給（計3860万円＝1185万円＋2675万円）について、保護課長を指揮監督する立場にある者として、その支給を阻止する義務があるのに、その義務を怠り（過失）、阻止しなかったのであるから、本宮（元）部長は、保護課長が違法に支給してＸ市に損害を与えた3860万円について、Ｘ市に損害賠償する民事上の債務不履行責任を負う。

　以上を踏まえ、Ｘ市長は、本宮（元）部長に対し、3860万円および遅延損害金をＸ市に支払うよう請求せよ。

Q35● 福祉事務所長の損害賠償責任

　　　　裁判所は、Ａさん・Ｂさん夫妻に保護費が不正に支給された当時のＸ市福祉事務所長である本宮（元）部長について、どのような落ち度（過失または重過失）があると認めたのでしょうか。

A35

　裁判所は、当時Ｘ市福祉事務所長であった本宮（元）部長について、保護開始当初（平成18年４月）にＡさん・Ｂさん夫妻に通院移送費を支給する決定を維持したこと自体は、医師の意見に基づいて行ったもので

ある以上、重大な落ち度があるとまでは考えなかったようです。もっとも、Ａさんが知人から340万円を借りて通院移送費をいったん立て替えて支払ったと主張していたり、㈲Ｙ介護福祉交通社の振込先口座が代表者個人名義であったり、また、事実Ａさんが不正に受給した保護費で複数台の高級車を購入する等の贅沢な生活を送っていたことを踏まえると、多少なり注意力を働かせて業務に取り組んでいたならば、通院移送費の支給を開始した後 1 年以上経った平成19年 3 月末日までには、何かおかしいと疑問に感じ、調査したうえで、保護を停止・廃止するだけの事実関係を把握することが容易にできたはずである、にもかかわらず、それを怠った、と判断しています。

　また、翌 4 月 1 日以降は、自ら決裁して支給した通院移送費だけではなく、部下である保護課長が専決または代決で行った通院移送費の支給についても、Ｘ市福祉事務所長として阻止すべきであった、にもかかわらず、それを怠った、としています。

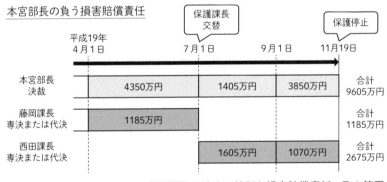

事例7-⑦ 保護課長の損害賠償責任

　裁判ではX市長の主張はほとんどが退けられ、平成19年6月末日までX市保護課長であった藤岡（元）課長に関しては、以下の内容で判決が確定した（後掲札幌高判平成26・4・25も同様の判断）。

〔公法上の特別な損害賠償責任〕

　藤岡（元）課長に関し、X市保護課長であった平成19年6月末日までの間に専決もしくは代決して支給したAさん・Bさん夫妻に対する通院移送費については、財務会計上の権限ある職員として、地方自治法243条の2の2第1項に基づく損害賠償責任の有無が問題となる。

　そして、藤岡（元）課長には、X市保護課長として、Aさん・Bさん夫妻が高規格ストレッチャー対応型タクシーでL病院へ頻繁に通院することを真に必要とし、このような通院を認めても生活保護の趣旨に反しないかを慎重かつ十分に検討すべき義務があり、そのような対応をとってさえいれば、遅くとも平成19年3月末日までには、Aさん・Bさん夫妻に対する通院移送費の支給に問題があると気づくことができたはずである。

　したがって、翌4月1日以降同年6月末日までの間に藤岡（元）課長が専決または代決により決定したAさん・Bさん夫妻に対する通院移送費の支給（計1185万円）は違法であり、かつ、その支給について著しい注意義務違反（重過失）が認められるので、藤岡（元）課長は、違法に支給してX市に損害を与えた1185万円について、X市に損害賠償する地方自治法243条の2の2第1項に基づく損害賠償責任を負う。

　以上を踏まえ、X市長は、藤岡（元）課長に対し、1185万円およ

び遅延損害金の賠償の命令をせよ。

〔民事上の債務不履行責任〕

　藤岡（元）課長に関し、Ｘ市福祉事務所長が決裁して支給したＡさん・Ｂさん夫妻に対する通院移送費については、財務会計上の権限のない職員として、民事上の債務不履行責任が問題となる。

　そして、藤岡（元）課長は、平成19年４月１日以降同年６月末日までの間、福祉事務所長である本宮（元）部長が決裁して行ったＡさん・Ｂさん夫妻に対する通院移送費の支給（計4350万円）について、保護課長として、福祉事務所長を補助する義務があるにもかかわらず、その義務を怠り（過失）、Ｘ市に損害を与えたのであるから、福祉事務所長が違法に支給してＸ市に損害を与えた4350万円について、Ｘ市に損害賠償する民事上の債務不履行責任を負う。

　以上を踏まえ、Ｘ市長は、藤岡（元）課長に対し、4350万円および遅延損害金をＸ市に支払うよう請求せよ。

Q36 ● 保護課長の損害賠償責任

　裁判所は、Ａさん・Ｂさん夫妻に保護費が不正に支給された当時のＸ市保護課長である藤岡（元）課長について、どのような落ち度（過失または重過失）があったと認めたのでしょうか。

A36

　裁判所は、平成19年６月末日まで保護課長を務めた藤岡（元）課長に関しても、通院移送費の支給を開始した後１年以上経った同年３月末日までには、何かおかしいと疑問に感じ、調査したうえで、自ら通院移送

費を支給する判断は控えるだけの事実関係を把握することが容易にでき
たはずである、にもかかわらず、それを怠った、と判断しています。

　また、平成19年４月１日以降については、上司である本宮（元）部長
の決裁についても、藤岡（元）課長には、部下として適切に補助し、そ
れを阻止する職務上の義務があった、にもかかわらず、それを怠った、
と認めています。保護課長である以上、最終的に福祉事務所長が判断す
ることなのだからといって、何も考えずにケースワーカーが上げてきた
書類にハンコを押すといった態度で業務に臨んでいると、福祉事務所長
が行った違法な予算執行についても責任を問われる可能性があるのだ、
ということは頭に入れておく必要があります。

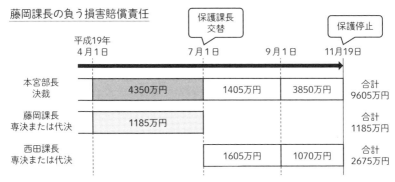

藤岡課長の負う損害賠償責任

123

事例 7 - ⑧　前例を踏襲した保護課長の損害賠償責任

　裁判ではＸ市長の主張はほとんどが退けられ、平成19年 7 月 1 日付けでＸ市保護課長に就任した西田（元）課長に関しては、以下の内容で判決が確定した（後掲札幌高判平成26・ 4 ・25も同様の判断）。

〔公法上の特別な損害賠償責任〕

　西田（元）課長に関し、Ｘ市保護課長であった平成19年 7 月 1 日以降の間に専決もしくは代決して支給したＡさん・Ｂさん夫妻に対する通院移送費については、財務会計上の権限ある職員として、地方自治法243条の 2 の 2 第 1 項に基づく損害賠償責任の有無が問題となる。

　そして、西田（元）課長には、Ｘ市保護課長として、Ａさん・Ｂさん夫妻が高規格ストレッチャー対応型タクシーでＬ病院へ頻繁に通院することを真に必要とし、このような通院を認めても生活保護の趣旨に反しないかを慎重かつ十分に検討すべき義務があり、そのような対応をとってさえいれば、遅くとも保護課長に就任し 2 か月を経過する同年 8 月末日までに、Ａさん・Ｂさん夫妻に対する通院移送費の支給に問題があると気づくことができたはずである。

　したがって、翌 9 月 1 日以降に西田（元）課長が専決または代決により決定したＡさん・Ｂさん夫妻に対する通院移送費の支給（計1070万円）は違法であり、かつ、その支給について著しい注意義務違反（重過失）が認められるので、西田（元）課長は、違法に支給してＸ市に損害を与えた1070万円について、Ｘ市に損害賠償する地方自治法243条の 2 の 2 第 1 項に基づく損害賠償責任を負う。

　以上を踏まえ、Ｘ市長は、西田（元）課長に対し、1070万円および遅延損害金の賠償の命令をせよ。

〔民事上の債務不履行責任〕

　西田（元）課長に関し、Ｘ市福祉事務所長が決裁して支給したＡさん・Ｂさん夫妻に対する通院移送費については、財務会計上の権限のない職員として、民事上の債務不履行責任が問題となる。

　そして、西田（元）課長は、平成19年９月１日以降に福祉事務所長である本宮（元）部長が決裁して行ったＡさん・Ｂさん夫妻に対する通院移送費の支給（計3850万円）について、保護課長として、福祉事務所長を補助する義務があるにもかかわらず、その義務を怠り（過失）、Ｘ市に損害を与えたのであるから、福祉事務所長が違法に支給してＸ市に損害を与えた3850万円について、Ｘ市に損害賠償する民事上の債務不履行責任を負う。

　以上を踏まえ、Ｘ市長は、西田（元）課長に対し、3850万円および遅延損害金をＸ市に支払うよう請求せよ。

Q37 ● 前例を踏襲した保護課長の損害賠償責任

　西田（元）課長は、すでにＸ市福祉事務所としてＡさん・Ｂさん夫妻に通院移送費を支給するという方針がある中で、保護課長就任後、保護費支給の決裁をしたにすぎません。それにもかかわらず、裁判所は、西田（元）課長について、どのような落ち度（過失または重過失）があったと認めたのでしょうか。

A 37

　裁判所は、平成19年７月１日付けでＸ市保護課長に就任した西田（元）課長に関し、事前に何ら予備知識がなくとも、就任して２か月も経てば、

Aさん・Bさん夫妻に対する通院移送費の支給が違法であることに気づくことができたはずである、にもかかわらず、それを怠った、と判断しています。前任者がやっていたことをそのまま踏襲しただけ、いわゆる前例踏襲は損害賠償責任を免れるロジックとして認められないということになります。

　また、同年9月1日以降について、藤岡（元）課長の場合と同様、西田（元）課長には、上司である本宮（元）部長の違法な決裁を阻止する職務上の義務があった、にもかかわらず、それを怠った、と判断されています。

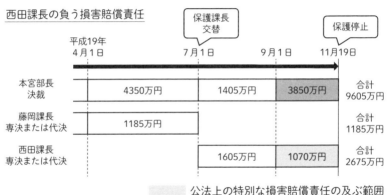

西田課長の負う損害賠償責任

▶▶▷実際にあった裁判事例をみてみよう⑧

1　事案の概要

　①保護利用者であったHさん（夫）・Mさん（妻）夫妻は、有限会社W介護福祉交通社の実質経営者Gさんらと共謀し、平成18年10月から平成19年11月にかけて、同社の高規格ストレッチャー対応型タクシーを利用して通院した事実がないのに、これがあるかのように装うなどしてZ市福

126

祉事務所長らを騙し、Ｚ市から生活保護の通院移送費名目で約１年間の間に合計２億0215万円をＧさん名義の銀行預金口座に振込入金させ、これを騙し盗った、②Ｈさん・Ｍさん夫妻は、平成18年10月から平成19年11月にかけて、Ｚ市がＧさん名義の銀行預金口座に振り込んだ金銭の一部をＧさんから受け取り、毎月240万円ないし917万円（合計8478万円）の世帯収入があったにもかかわらず、これをＺ市福祉事務所長に申告せず、収入がないものと誤信させて、Ｚ市に生活扶助費名目でＨさん名義の銀行預金口座に合計388万5835円を振込入金させ、これを騙し盗った、③Ｈさん・Ｍさん 夫妻は、平成19年11月、自宅において、各自、注射する方法で覚せい剤を使用したとして、Ｈさん・Ｍさんが詐欺および覚せい剤取締法違反の罪に問われた事案（札幌地判平成20・6・25D1-Law）[22]です。

２ 結 論

裁判所は、詐欺および覚せい剤取締法違反の事実を認定したうえで、Ｈさん（夫）について、①Ｚ市の平成18年度および平成19年度の生活保護費予算は12億円余りであり、本件は、一地方都市の生活保護費予算のかなりの部分を食い物にした未曾有の巨額公金詐欺事案である、②被害弁償したいと述べるものの、一切被害弁償をしておらず、その見込みもまったく立っていない、③Ｚ市から有限会社Ｗ介護福祉交通社に支払われる通院移送費を還流させるシステムをつくり上げ、妻であるＭさんを巻き込んだ本件詐欺の首謀者である、④Ｇさんから受け取った還流金のうち一部をＭさんに渡したのみで、残りの大部分を自分の懐に入れ、次々と自動車を購入したり、女性との交際費や飲食店での飲食費にあてる贅沢三昧の生活を送るなど、動機に酌量の余地はまったくない、⑤刑

---

[22] Ｈさん・Ｍさん夫妻による保護費の不正受給に関与したＺ市職員のＺ市に対する損害賠償責任については後掲札幌高判平成26・4・25参照。

務所に服役した前科が２犯あるほか、平成15年７月に覚せい剤使用の罪で執行猶予付きの有罪判決を受けたにもかかわらず、その執行猶予期間中に本件詐欺の犯行に及び、また、執行猶予期間が経過した約４か月後に覚せい剤使用の犯行に及ぶなど、その規範意識は甚だしく鈍麻している、などを理由に懲役13年の刑を言い渡し、また、Ｍさん（妻）については、①本件詐欺の犯行の動機は自らの生活費、遊興費にあてたいという利欲的なもので酌量の余地はない、②覚せい剤使用の前科があり、その執行猶予期間が経過してから２年も経たないうちに再び覚せい剤の使用に及んでおり、覚せい剤に対する親和性が抜けきれていない、などを理由に懲役８年の刑を言い渡しました。

3　弁護士のひと言

　Ｈさんが C 型肝硬変等を患っていたこと、治療の必要があったことは事実のようですが、逮捕後身柄を拘束され、かかりつけの病院への通院もお気に入りの注射も制限される中、特に病状が悪化するでもなく、無事裁判を終えることができたようです。その結果、Ｈさんに支給された通院移送費が完全に無駄であったと証明されたのであれば、何とも皮肉な話ですね。

▶▶▷ 実際にあった裁判事例をみてみよう⑨

1　事案の概要

　Ｚ市の住民である原告らが、Ｚ市において、平成18年３月から平成19年11月にかけて、Ｈさん・Ｍさん夫妻に対し、生活保護法19条１項に基づき、総額２億3886万円に及ぶ通院移送費の支給決定をしたことについて、同支給決定は同法８条２項に違反するなどと主張して、Ｚ市長に対し、地方自治法242条の２第１項４号に基づき、同支給決定に基づく支出に関与した当時の市長職者、副市長職者、福祉事務所長職者（Ｏ氏）、

福祉課長職者２名（Ｐ氏およびＱ氏）に対し支出額相当の損害賠償請求
または賠償命令をすることを求めた事案（札幌高判平成26・4・25D1-
Law〔第一審：札幌地判平成25・3・27D1-Law〕）です。[23]

2 結 論

　Ｚ市長は、Ｈさん・Ｍさん夫妻による通院移送費の不正受給に関し、
支給決定に関与した職員らは不正受給だと気づくことはできなかった、
したがって過失はない、Ｚ市は同職員らに対する損害賠償債権を何ら有
するものではないと主張し争いましたが、札幌高等裁判所は、当時市長
職にあった者および副市長職にあった者の法的責任を否定する一方で、
次のとおり、福祉事務所長職にあったＯ氏、福祉課長職者にあったＰ氏
およびＱ氏のＸ市に対する損害賠償責任を認めました。

① 当時福祉事務所長職にあったＯ氏

　ⓐ 地方自治法243条の２の２第１項に基づく公法上の特別な損害
　　賠償責任　9605万円

　ⓑ 民事上の債務不履行責任　3860万円

② 平成19年６月末日まで保護課長であったＰ氏

　ⓐ 地方自治法243条の２の２第１項に基づく公法上の特別な損害
　　賠償責任　1185万円

　ⓑ 民事上の債務不履行責任　4350万円

③ 平成19年７月１日付けで保護課長に就任したＱ氏

　ⓐ 地方自治法243条の２の２第１項に基づく公法上の特別な損害
　　賠償責任　1070万円

　ⓑ 民事上の債務不履行責任　3850万円

23　保護費を不正に受給したＨさん・Ｍさんの刑事責任については前掲札幌地判平
　成20・6・25参照。

3　裁判外の事情

　Z市では、平成20年4月22日付けで、Hさん・Mさん夫妻による不正受給事件にかかわった職員らに対し、以下の処分を行っています。[24]

① 市長および副市長に対する市職員への監督責任を十分果たさなかったことを理由とする処分

　ⓐ 市長　平成20年1月から12月までの12か月間、給料月額の50パーセントを減額

　ⓑ 副市長　平成20年5月から10月までの6か月間、給料月額の30パーセントを減額

② 関係職員に対する地方公務員法30条（服務の根本基準）、同法32条（法令等及び上司の職務上の命令に従う義務）、同法33条（信用失墜行為の禁止）および同法35条（職務に専念する義務）違反を理由とする懲戒処分

　ⓐ 福祉事務所長（O氏）　停職2カ月

　ⓑ 保護課長（P氏およびQ氏）　停職2カ月

　ⓒ 職員2名　6か月間、減給10パーセント

　ⓓ 職員1名　4か月間、減給10パーセント

　ⓔ 職員1名　2か月間、減給10パーセント

　ⓕ 職員3名　1か月間、減給10パーセント

　ⓖ 職員3名　戒告

　その後、平成20年7月頃に本住民訴訟が提訴されています。

　さらに、平成23年4月、任期満了に伴うZ市市長選挙が行われ、現職のZ市長も3期目をめざし出馬しましたが、選挙で破れ、新市長が誕生する結果となりました。この頃にはすでに、Z市の杜撰な生活保護行政

24　平成20年4月22日付け滝川市「生活保護費詐欺事件に関する報告書」参照。

について広く報道がされていたはずで、それが選挙の帰趨に少なからず
影響したものと思われます。

平成18年	
3月22日	Hさん・Mさん夫妻、Z市での生活保護開始決定
平成19年	
11月16日	Z市長、Z警察署に対し、Hさん・Mさん夫妻による通院移送費詐欺の疑いで被害届提出
11月19日	Hさん逮捕、生活保護停止
11月21日	Mさん逮捕、生活保護停止
平成20年	
4月22日	Z市、Hさん・Mさん夫妻による通院移送費詐欺に関し、市長・副市長・職員12名を処分
7月ころ	Z市住民ら、Z市長を被告として住民訴訟を提訴
平成23年	
4月22日	任期満了に伴うZ市長選挙、現職のZ市長が出馬するも、落選
平成25年	
3月27日	住民訴訟について、第一審判決言渡し(原告住民ら、被告Z市長双方控訴)
平成26年	
4月25日	住民訴訟について、控訴審判決言渡し(双方上告せず確定)
5月22日	第3回臨時会Z市議会、Z市の元職員らに対する損害賠償請求権を放棄する旨議決

　その後、新市長体制下、本住民訴訟について、平成25年3月27日に第一審判決が言い渡され、原告住民らおよび被告Z市長の双方がこれを不服として控訴した後、平成26年4月25日に控訴審判決が言い渡されました。同判決は上告されることなく確定しています。本住民訴訟について、平成26年4月25日に言い渡された控訴審判決が確定したことを受け、Z市議会は、翌5月22日、第3回臨時会Z市議会を開催し、元職員3人に対する損害賠償債権のすべてを債権放棄する議決をしました。

　なお、債権放棄を提案したZ市長は、その理由として、①当時の市長および副市長、元職員3名の給与減額分3787万円、寄附744万円、不正受給の犯人から回収した約225万円、その他市職員全体の給与削減(平成21年度から平成23年度の3年間で総額1億7914万5000円)、市職員・退職

131

者からの寄附（3445万7167円）、市職員・退職者を除く市民からの寄附（1578万1092円）によって、不正受給により市の負った損害額約 2 億4000万円がおおむね補てんされていること、②不正支給は、市としての組織的な対応、判断の適正さを欠いたことが原因であり、職員個人の責任を問うべきではないこと、などをあげています。[25]

4　弁護士のひと言

　Z 市側は、まず、平成20年 4 月22日付けで、市長、副市長に対して市職員への監督責任を果たさなかったことを理由に、職員12人に対しては職務上の義務を果たさなかったことを理由に、それぞれ処分を行っています。つまり、H さん・M さん夫妻による不正受給に関し、市長、副市長および関与した職員らに落ち度があったと認めたわけです。

　ところが、本住民訴訟を起こされ、市長、副市長および職員に Z 市に対する損害賠償責任を負うやもしれないという状況になるや否や、そもそも H さん・M さん夫妻に対する通院移送費の支給決定は医師の意見に従って行ったものであり、組織全体を監督すべき立場にあった当時の市長を含め、決定に関与した職員全員に落ち度はないと主張し始めました（よくぞそんな主張ができたものだと思いますが）。もっとも、第一審裁判所および控訴審裁判所のいずれも、その主張を排斥し、かつ、市としての組織的な対応の問題として処理することなく（したがって、組織全体を指揮監督すべき当時の市長に対する損害賠償責任を認めることなく）、決定に関与した職員個人に著しい注意義務違反があるとして職員個人の損害賠償責任を認めています。

　これを受けて、さらに Z 市側は、H さん・M さん夫妻に対する通院移送費の支給決定について市側に落ち度がなかったとの主張を維持するこ

25　「平成26年第 3 回臨時会滝川市議会会議録」参照。

とはあきらめたものの、組織全体の責任であり、職員個人の責任を問う
べきではない、と理由づけをして、職員に対する損害賠償債権を放棄し
ています。なお、Ｚ市側がここにきて組織全体の責任であると主張する
のであれば、住民訴訟を提起したＺ市住民としては、組織全体を指揮監
督すべきであった当時の市長に損害賠償責任を負わせろと言いたくなる
でしょうが、当時の市長のＺ市に対する損害賠償責任は、本住民訴訟で
否定され、かつ、その判決がすでに確定していることから、再び裁判で
争うことはできません。

　二転三転するＺ市側の主張をみる限り、何がなんでも職員に損害賠償
責任を負わせないという強固な意志を感じざるを得ません。不正受給を
契機として、Ｚ市職員全体で平成21年度から平成23年度の３年間で総額
１億7914万5000円の給与削減（仮に職員が600名として１人あたり平均約30
万円！）がされており、つまり、不正受給にかかわっていない職員も多
大な迷惑を被っていると思われるにもかかわらずです。

　よほど職員間の連帯の意識が強いのか、それとも、Ｚ市役所には何か
しら外部からはうかがい知ることのできない深い事情があったのでしょ
うか。

第8章 セクハラと懲戒処分

事例8　セクハラ被害の訴え

　11月5日11時頃、小林課長（50歳代、男性）は、保護利用者のA
さんがX市福祉事務所（保護課）を訪ねて来たので、その応対をした。
Aさんの担当である伊藤CW（30歳代、男性）について相談したいと
のことであった。

　Aさんは、40歳代前半の女性で、夫との2人世帯、身なりは質素
だがきちんとしていて、顔立ちの整った、どちらかといえば美人の
部類に属するだろう。言葉遣いも丁寧だし、こちらからお願いした
書類もすぐに提出してくれるので、小林課長は、Aさんにかなり好
印象をもっていた。確か、数か月前から夫が入院していたはずで、
夫の看病とパート勤務とで相当忙しいのではないか。何の相談だろ
う？

　Aさんは、深刻そうな顔をして、少しの間、話しづらそうにして
いたが、意を決したのか、ポツポツとしゃべり始めた。

　「8月上旬、たぶん夜の7時くらいだったと思うんですけど、伊
藤さんが1人で自宅まで訪ねて来ました。伊藤さんが、居間に上が
るとすぐに、『肩、凝ってませんか？』と聞いてきたので、『大丈夫
です』って答えたんですけど、そしたら、伊藤さんが突然、肩を寄
せてきて、私の腕を触りながら、『スベスベしてますね』、『見た目、
ほんとに若いですよね』とか言ってきて、『やめてください』って言っ
ても、なかなかやめてくれなくて」

　「先月も、中旬だったと思うんですけど、同じくらいの時間に1
人で訪ねて来て、ちょうど台所の温水器の調子が悪かったので少し
見てもらったんですけど、そしたら、急に、『ハグさせて』って言
いながら後ろから抱きついてきて、そのまま強引に胸を揉まれたの

で、私も怖くなって、『やめてください。警察に電話しますよ』って言ったんです。そしたら、『もうしないから、電話はしないでください』ってやめてくれたんですけど」

「伊藤さんを私の担当から外してもらえませんか。そうしてもらえれば、私としては、それ以上、何も言うつもりはありませんので」

Aさんの話ぶりは真摯で、とても嘘をついているようには思えなかった。

小林課長は、Aさんの話を聞き終え、伊藤CWのことを思い浮かべた。伊藤CWが仕事熱心でないことは間違いない。勤務時間中もカジュアルな服装と言葉遣いで、こちらが何か言っても話を聞いてるのか聞いてないのか。少し厳しく注意すると、ふた言目には「それってパワハラじゃないっスか」、「課長の考え方、古いっスよ」とくる。正直、あまりかかわりたくはない、もっというと苦手な、何よりも、Aさんの話に出たような言動をいかにもしかねないタイプの部下ではある。小林課長は、長い一日になりそうだ、と深いため息をついた。

＊

同日14時頃、小林課長は、業務が一息ついたのを見計らって、伊藤CWに面談室に来るよう声をかけた。伊藤CWが不機嫌そうな表情で面談室に入ってきて、「課長、なんなんスか」とふてくされるように言うので、小林課長は、不愉快に感じたが、手早く済ませたいという気持ちが勝り、その発言を聞き流した。そして、単刀直入、「今日、Aさんが窓口に来て、伊藤君のことを聞いた。Aさんが言うには、8月上旬の午後7時頃、伊藤君がAさんの自宅を1人で訪ねて、Aさんの腕を触りながら『スベスベしてますね』、『見た目、ほんとに若いですよね』みたいなことを言って、Aさんが『やめてください』と言ってもなかなかやめなかった。それと、先月中旬に

も1人でAさんの家に行って、『ハグさせて』って言いながらAさんに後ろから抱きついた、胸を揉んだってことらしいけど、実際のところ、どうなの？」と尋ねた。

　すると、伊藤CWは、まったく悪びれた様子を見せることなく、心なしか得意気に話し始めた。

　「あ〜、確かに、8月、仕事が終わった後で、何か用事があって、Aさんの家に1人で行ったことはあります。たいした用事じゃないんで、ちょっと思い出せないっスけど。そのとき、Aさんが『疲れてる』、『体がダルい』って言うんで、話の流れで、『マッサージしましょうか』って言ったと思います。Aさんが『してほしい』って言うからしたんで、無理矢理とか、そんなんじゃないっス。マッサージしながら黙ってるのもなんなんで、気い遣って、『肌、スベスベしてますね』とか『若いですね』みたいなことも言ったかもしれないっスね。でも、下心とかは絶対、あるわけないじゃないっスか。あの人、いくつっスか。40とかじゃなかったっスかね。さすがに、それはなしっス」

　「先月も、確かに行きましたね、Aさん家（ち）。でも、抱きついたりはしてないっス。なんか、向こうからジャレてきて、こっちも適当にノリ合わせた部分はあるんで、それのこと、言ってんじゃないっスかね」

　「なんか、だいぶ話、盛られちゃってますね。なんなんスかね、あの人」

　小林課長は、ところどころでAさんと話が食い違ってるし、嘘くさい、嘘くさいが、嘘だと言い切るだけの決め手はないな、と訝（いぶか）しく思いながら、「『訪問は1人では行かないように』って、いつも言ってるはずだけど。それと、時間給の申請、係長、認めてくれたの？」と尋ねたが、「たいした用事じゃなかったし、なんかのついでだっ

138

たんで、誰かに同行お願いするのも悪いなって。それに、時間給も申請するつもりなかったんで、たぶん、係長にも訪問のことは言ってないっスね」とのことだった。

　小林課長は、俺が30くらいのころは課長にそんな口の利き方するヤツはいなかったし、もしいたらエラいドヤされたと思うけど、これも時代か、これでこっちがちょっとキツく言ったらパワハラか、最近の若いもんには、正直、付いてけんよ、と泣きたい気持ちになった。

＊

　翌6日、小林課長は、岡村係長（40歳代、女性）と共にＡさん宅に赴き、再度、事実関係の確認を行った。話を聴けば聴くほど、Ａさんは嘘をついていない、その思いが強くなるのを自覚した。そして、ダメは元々で、伊藤CWからわいせつな行為をされたときの音声・動画や、伊藤CWとやりとりしたメールといった証拠がないか尋ねたが、存在しないとの回答であった。Ｘ市役所への帰路、岡村係長に意見を求めたところ、Ａさんが嘘をついているとは思えない、とりあえず伊藤CWをＡさんの担当から外したほうがいいのではないか、とのことだった。小林課長は、懲戒処分の手続を進めるしかないか、そう腹を括った。

＊

　さらに翌7日、小林課長は、出勤するとすぐに伊藤CWに声をかけ、Ａさんの担当から外れてもらうことを告げるとともに、Ａさんの被害の訴えに対する弁解について書面にまとめて提出するよう指示をした。伊藤CWは、何か言いたげな表情をしたが、「了解っス」とだけ言っておとなしく引き下がっていった。

　その日の夕方になり、伊藤CWは、Ａ4の用紙1枚、手書きのメモ書きを提出してきた。メモ書きには、中学生みたいな字で、

「私は、8月、勤務時間後にAさん宅に1人で行きました。3か月前のことなので具体的に思い出すことはできませんが、なにか用事があったはずです。Aさんが『体がダルい』と言うので、5分くらい、Aさんの肩をもんであげました。Aさんがいやがっていたということはありませんでした。肩をもみながら、ざつ談をしたと思いますが、どんな話をしたかはおぼえていません。コミュニケーションをとるなかで、はだがスベスベしてるとか若いとか言ったかもしれません」

「10月にも、夜、Aさん宅に行きました。温水きの調子が悪いと言われたので、それを見にいっただけです。Aさんがジャレてきたことはあったと思います。私からAさんにだきついたりはしていません」

と書かれていた。

＊

同月12日午前、小林課長は、伊藤CWのAさんに対する問題行動について、X市人事課の佐々木課長に報告するとともに、伊藤CWの作成したメモ書きを提出した。小林課長は、懲戒処分にかかわること自体初めてだったので、佐々木課長に、今後の手続について尋ねた。X市の条例・規則上、対象者への事情聴取、弁明の機会の付与、その後の副市長と部長職者で構成されるX市職員分限懲戒審査委員会の答申等の手続は、すべて人事課が主体となって進められることになっている、とのことであった。

同日午後、X市人事課が伊藤CWに対する事情聴取を終えたらしく、佐々木課長がその内容について報告に訪れた。佐々木課長によると、伊藤CWは、人事課に対しては、就業時間後、Aさん宅に1人で訪問した事実は認めたものの、Aさんの体に触れたり、セクハラと受け取られかねないような発言をしたことは一切ないと回答

し、小林課長に提出したメモ書きについては、小林課長が指示した内容をそのまま書いたもので、自らの真意に基づいて作成したものではないと弁解したらしかった。小林課長は、やれやれ、俺が無理矢理、嘘の内容の顛末書を書かせたとでも言うつもりなのか、いったいどういう神経をしてるんだ、あいつは、と思い、上司を陥れてまで言い逃れをしようとする伊藤CWに対する嫌悪感を覚えるとともに、録音・録画やメールのやりとりの記録といった物的証拠がない中、はたして伊藤CWの問題行動を適正に処分できるのだろうかと不安を感じた。

Q38● 被害を訴える者の供述の信用性の判断①

保護利用者からケースワーカーによるセクシュアル・ハラスメント（セクハラ）やパワー・ハラスメント（パワハラ）の被害の訴えがあった場合、その供述内容が事実かどうか、その信用性をどのように判断するべきでしょうか。

A 38

　被害を訴える供述について、その供述内容の信用性は慎重に判断する必要があります。誤解や意図せぬ誇張の可能性も否定できないうえ、人は記憶に基づいて供述するわけですが、人の記憶は曖昧で、都合よく書き換えられることも日常茶飯事だからです。

　そして、供述内容の信用性判断においては、その供述内容が動かない証拠、つまり、物的証拠や状況証拠により裏づけられるものか否かが決定的に重要となります。

Q39● 被害を訴える者の供述の信用性の判断②

　　　　　　被害時の録音・録画、被害の存在を示唆する伊藤CWとAさん間のメールのやりとりの記録（例：「昨日は突然、抱きついたりしてゴメンね」、「このことは課長には言わないでね」）など、Aさんの供述内容が信用できることを裏づける物的証拠は存在しません。

　このような場合、被害を訴えるAさんの供述の信用性を裏づけることができる状況証拠とは、どういったものを指すのでしょうか。

A 39

　本ケースの場合、①Aさん以外の人、たとえば加害者とされる伊藤CWがどのような供述をしているか（他者供述との一致）、②伊藤CWが就業時間後にAさん宅を１人で訪問した事実、この２つがAさんの供述の信用性を判断するうえで重要な状況証拠と考えられます。

〔他者供述との一致〕

　まず、Aさんの供述は、①8月、就業時間後、伊藤CWが1人でAさん宅を訪問し、Aさんの体に触れたうえで、「スベスベしてるね」などと述べた、②10月、就業時間後、伊藤CWが1人でAさん宅を訪問した、という点で伊藤CWの供述（11月5日ないし7日時点でした、変遷する以前のもの）とその内容が一致しています。

　そして、口裏合せをしていない2人が事実の経過について一致した供述をしている場合、その理由は、実際にあったことをそれぞれが独立に観察して正確に思い出して供述しているからとしか説明がつきません。被害を訴えるAさんと加害者とされる伊藤CWは利害が対立する関係にあり、口裏合せをする動機もないでしょうから、Aさんの供述内容は、少なくとも伊藤CWの供述内容と一致している限りで信用できると考えられます。

〔伊藤CWが就業時間後にAさん宅を1人で訪問した事実〕

　次に、Aさんの供述のうち、①8月上旬、就業時間後に伊藤CWがAさん宅を訪問した際、伊藤CWがAさんの体を触り、Aさんが「やめてください」と言ってもすぐにやめなかった、②10月中旬の就業時間後に伊藤CWがAさん宅を訪問した際、伊藤CWがAさんに「ハグさせて」と言って抱きついて、Aさんの胸を揉んだ、との部分については、伊藤CWは明確に否定しており、これと一致する他者供述は存在しません。

　もっとも、伊藤CWの訪問は、就業時間後、上司に報告することなく行われ、かつ、その業務上の必要性について合理的な説明がされていま

26　「口裏合わせをしていない」か否かは慎重に判断する必要があります。たとえば、職場の複数の人間、あるいは友人同士の供述内容が一致したとしても、通常、口裏合せの可能性は否定できません。

せん。男性である伊藤CWが、女性であるＡさん１人しかいないことを知りながら、１人でＡさん宅を訪問していることも考慮すると、その訪問の目的は、業務上の必要性に基づくものではなく、Ａさんに対するわいせつ行為をすることが目的だったと推認することができます。

　そして、伊藤CWがＡさん宅をわいせつ目的で訪問したのであれば、その目的の実行を妨げる特段の障害事由がない限り、わいせつ行為を実行したであろうと考えるのが常識的な判断にかないますから、伊藤CWによるＡさん宅訪問の事実は、伊藤CWによるわいせつ被害を訴えるＡさんの供述内容の信用性を裏づける状況証拠となります。

　以上を踏まえたうえで、Ａさんは、伊藤CWに対して損害賠償を求めているわけでもありませんから、金銭目的など、その供述の信用性を疑わなければならない事情もありません。したがって、伊藤CWからわいせつ被害を受けたというＡさんの供述内容は、伊藤CWの供述と一致しない部分も含め、おおむね信用できると考えられます。

Q40 ● 被害を訴える者の供述の信用性の判断③

　　　　Ａさんによる被害の訴えについて、伊藤CWは、Ａさんの年齢に言及したうえで、性的興味の対象外であることを理由に、訴えの内容を否定しています。

　伊藤CWの発言はＡさんに対して非常に失礼であることには違いありませんが、それなりに納得してしまう人もいるような気がします。Ａさんの供述の信用性を検討するうえで、どのように捉えるべきでしょうか。

A 40

　性被害・性加害が問題となる場面では、「そんな年配の女性（男性）が被害に遭うわけがないだろう」、「もっと美人（男前）なら話はわかるけど……」などと言って、被害者の供述の信用性を否定すべきではありません。また、これは、年齢差別やルッキズム（lookism）に関するポリティカル・コレクトネス（political correctness）の問題ではなく、どのような年齢・外見の人が性的興味の対象となるかは人それぞれだという事実に加え、性犯罪やセクハラが必ずしも性的欲求を満たすために行われるのではなく、支配欲や征服欲を満たすために行われる（性的に興味を覚える相手に向けられるのではなく、支配できる、征服できると思える相手に向けられる）ものだという事実に基づく事実認定の問題であることには留意が必要です。

Q41 ● 加害者だと疑われる者の供述の信用性の判断①

　加害者だと疑われている伊藤CWは、11月5日に小林課長が事実関係の聴取りを行った際には、①8月、就業時間後、Aさん宅を1人で訪問し、Aさんの肩を揉み、その際、Aさんに対して、「肌、スベスベしてますね」などと声をかけた事実、②10月、就業時間後、Aさん宅を1人で訪問した事実は認め、その旨メモ書きを作成しています（変遷前の供述）。

　ところが、11月12日の人事課による聴取り以降、伊藤CWは、①②の事実を含め、Aさんに対するセクハラと疑われる行為について、否認に転じました（変遷後の供述）。

145

　このような状況にあって、まず、伊藤CWの変遷前の供述の信用性を
どのように判断すべきでしょうか。

A 41

　まず、伊藤CWの変遷前の供述のうち、Ａさんの供述内容と一致する
部分については信用することができます。

　なお、伊藤CWが自らに不利益となる供述をした理由についてですが、
変遷前の供述がされた11月５日ないし11月７日は、小林課長がＡさんに
よる被害申告を確知して間もない時期であり、伊藤CWとしても、自ら
の供述内容が自分に有利不利いずれに働くか必ずしも認識できていな
かったことが考えられます。特に、セクハラ加害者に顕著な思考パター
ンとして、被害者が明確な抵抗を示さないことについて、その背景にあ
る力関係（例：ケースワーカーと保護利用者）を無視し、それが加害者の
気分を害したり事を大きくすることなく収めようとする被害者なりの処
世術であることに気づきもせず、イエスのサインと解釈する傾向がある
ことが指摘されています。伊藤CWも、Ａさんに抱きついても卑猥なこ
とを言っても、Ａさんは時には笑顔を見せて「ちょっと！」、「ダメだっ
て」としか言わない、俺ってイケてるし、こんな軽いノリもありだよね、
これが俺なりのコミュニケーションだしケースワーク、Ａさんだって心
を開いてくれてるぜ、などと（伊藤CWだって、どんなにハラワタが煮え
くり返ってても、怖い上司やクレーマーには笑顔で対応するでしょうし、そ
れと同じであるにもかかわらず）勘違いをし、どれほど鈍感でもさすがに
それは問題だろうと自覚せざるを得ない部分（例：「ハグさせて」と言っ
て抱きついて胸を揉んだ）だけはねじ曲げつつも、ある程度正直に話を
した可能性は大いにあり得ます。加えて、聴取者である小林課長がどの

ような物的証拠を掴んでいるか探りを入れる時間的余裕もなかったで
しょうから、大胆な嘘をつくことが躊躇(ためら)われる状況（供述をした後で、
それと矛盾する物的証拠を突き付けられる危険性を否定できない心理状態）
にあったはずです。

　他方で、Q38の回答にあるように、Aさんの供述内容はおおむね信
用できると考えられますから、伊藤CWの変遷前の供述内容のうちAさ
んの供述内容と矛盾する部分については信用することはできません。

Q42● 加害者だと疑われる者の供述の
　　　信用性の判断②

　では、伊藤CWの変遷後の供述の信用性については、どのように判断
すべきでしょうか。

A42

　同一人物が以前に供述した内容と異なる供述をした場合、そのような
供述の変遷に合理的理由がない限り、変遷後の供述内容の信用性は認め
られません。

　伊藤CWは、X市人事課による事情聴取の日以降、自ら作成し小林課
長に提出したメモ書きの内容と異なる供述をしており、その供述の変遷
の理由について、メモ書きは、小林課長が指示した内容をそのまま書い
たもので、自身の真意に基づいて作成したものではないと説明していま
す。

　ですが、伊藤CWの上司である小林課長は、伊藤CWの保護利用者に
対するセクハラが事実であれば、その監督責任を問われる立場にありま

す。小林課長が事なかれ主義を発動し、Aさんの被害の事実をなかった
ものにしようと働きかけをするというのであれば、まだ理解できますが
(当然、そんなことは許されません)、そうではなく、伊藤CWによるセク
ハラがあった、つまり、自らに責任が及ぶ危険を冒してまであえて伊藤
CWに虚偽の内容の供述をさせる合理的な理由はありません。伊藤CW
が述べる供述の変遷の理由は信用することができません。

　したがって、伊藤CWの供述の変遷に合理的理由が見出せない以上、
変遷後の供述内容の信用性は認められないと判断することになります。

Q43 ● 加害者だと疑われる者の供述の
信用性の判断③

　伊藤CWは、小林課長に事情を尋ねられた際、まったく悪びれる様子
を見せることなく供述しています。このような供述態度は、伊藤CWの
供述の信用性を判断するうえで、どのように捉えるべきでしょうか。

A43

　一般的に、供述態度は、その供述内容の信用性を判断するにあたって、
重視すべきではないと考えられています。たとえば、良心の呵責を感じ
ない反社会性パーソナリティ障害の人は、嘘をつくことに躊躇がないた
め、あまりに口がうまく、人を簡単に騙すことができるといわれていま
すし、他方で、心配性であるがゆえに、自分の言い分が正しく理解して
もらえるだろうか、誤解されないだろうかという不安が態度(挙動不審)
に出てしまう人もいます。あまりに供述態度が不審である場合、その供
述内容の信用性の判断は慎重にすべきことになろうとは思いますが、供

述態度が堂々としていたり、真摯であることが必ずしも供述内容の信用性を基礎づけるわけではないことには留意が必要です。

Q44 ● 加害者だと疑われる者への
●　事実関係の聴取①

保護利用者から被害の訴えがあって、加害者だと疑われる職員に事実関係の聴取を行う場合、どのような点に気をつけるべきでしょうか。

A44

まずは、被害を確知した後、入念につくり込まれた虚偽供述をする余裕を与えることなく速やかに初回の聴取を行うことが重要です。

また、このとき、被害・加害の事実があったと決めつけ、職員に自白を迫るような聴取とならないよう気をつける必要があります。そもそも、自白を迫るような迫力みなぎる聴取の結果得られた供述は、後日、真意に基づくものではなかったことを理由にその信用性が争われるなどした結果、証拠として何の価値もないものとなりかねません。

確かに、不自然・不合理な（と感じてしまうような）供述をされると腹が立つのは人の性ですが、そのような供述が虚偽であるとは限りません。また、仮に虚偽の内容だとしても、そのような供述をしたこと自体が、むしろ、事実を認定するうえでの重要な状況証拠となりますので、聴取者の方で無理に辻褄を合わせようとするべきではありません。

なお、聴取の際にメモを残すのであれば、要点のみを箇条書きにするのではなく、できる限り、対象職員が話した言葉どおりに記録したほうがよいでしょう（質問者と記録係の2名体制で臨むのがベターです）。

Q45 ● 加害者だと疑われる者への 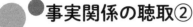
 ● 事実関係の聴取②

　では、速やかに初回の聴取を行うとして、聴取の内容を録音しておく必要がありますか。

A 45

　後日、言った言わないの不毛な争いを避けるため、供述を証拠化しておくことは必須です。ですが、聴取自体を録音までする必要があるかと問われると、その必要まではない、聴取対象者が変に構えてしまうリスクを考えると、むしろ録音はしないほうがよいかもしれません。

　録音された供述は、これを証拠化するにあたり、反訳文作成が必須となりますが（反訳文がないと、毎度毎度、再生された音声を聞く羽目になるほか、重要な供述部分について検索するのも大変です）、これが手間です。また、聴取の内容は全体を通して評価されますので、1回の聴取の中で供述が一貫しない場合、どう評価すればよいのかという問題を抱えることになります。

　むしろ、初回の聴取の段階では、聴取を終えた後で速やかに弁解内容を書面の形で提出させるほうが、聴取者の手間や利便、あるいは供述が任意でされたことを担保する意味でも、ベターだと思います。

事例 8 −②　必要十分な「処分の事由」の適示

　X市人事課の佐々木課長は、米山課長補佐と共に、11月12日午後、伊藤CWから事実関係の聴取りを行ったが、その内容は小林課長から事前に受けていた報告と大きく異なっていた。米山課長補佐に感想を尋ねたところ、「就業時間後に、1人で、女性宅に行って、時間給も申請していない。Aさん宅に業務で行ったというのは、ちょっと信用できないですね。そもそもそんな仕事熱心なタイプでもないでしょ」、「印象としては、真っ黒ですね」とのことだった。佐々木課長も、同じ感想をもった。

　後日、伊藤CWに弁明書を提出するよう指示したところ、伊藤CWは、就業時間後、Aさん宅に1人で訪問した事実は認めたものの、Aさんの体に触れたり、セクハラと受け取られかねないような発言をしたことは一切ないといった内容の弁明書を提出してきた。

＊

　佐々木課長は、米山課長補佐から、懲戒処分を行った際に交付する不利益処分説明書の起案文書を受け取った。「処分の事由」欄には、「地方公務員法29条1項1号ないし3号[27]により免職とする」としか記載されていなかった。米山課長補佐に対して、思わず、「ずいぶ

27　地方公務員法29条1項は「職員が次の各号の一に該当する場合においては、これに対し懲戒処分として戒告、減給、停職又は免職の処分をすることができる」として、同項1号で「この法律若しくは第57条に規定する特例を定めた法律又はこれに基く条例、地方公共団体の規則若しくは地方公共団体の機関の定める規程に違反した場合」、同項2号で「職務上の義務に違反し、又は職務を怠った場合」、同項3号で「全体の奉仕者たるにふさわしくない非行のあつた場合」と規定しています。

んシンプルだね。これで大丈夫なの？」と尋ねたところ、「伊藤君が黒であることには間違いないと思いますし、Ａさんから聴き取った事実をそのまま書いて、細かいところで、『あれが違う、これも違う』なんて言われたら、面倒じゃないですか。伊藤君は、いかにも、そういうこと、言い出しそうなタイプですし。それなら、こういう書き方が一番無難だと思います」とのことだった。

　佐々木課長は佐々木課長で、確かに、被害時の録音・録画、被害の存在を示唆する伊藤ＣＷ・Ａさん間のメールのやりとりの記録といったＡさんの供述内容の真実性を裏づける物的証拠を欠くとなると、Ａさんにも細かい点で思い違いがあるかもしれないな、でも、伊藤君の日頃の言動をみる限り、彼ならやりかねない、少なくとも似たようなことはやったに決まってるんだし、え〜い、処分してまえ、という気持ちになり、決裁印を押した。

　結局、Ｘ市職員分限懲戒審査委員会の答申など所定の手続を経て、３月28日、Ｘ市長は、伊藤ＣＷに対し、懲戒免職処分を行ったが、その際、伊藤ＣＷに交付された不利益処分説明書の「処分の事由」欄には、「地方公務員法29条１項１号ないし３号により免職とする」としか記載はなかった。

＊

　その後、伊藤ＣＷが懲戒処分の違法性を争って提訴したところ、裁判所は、伊藤ＣＷに交付した不利益処分説明書の「処分の事由」欄の記載が地方公務員法49条１項[28]の要求する処分事由の記載として不十分であり違法であることを理由に、懲戒処分を取り消す旨の判決をした。

28　地方公務員法49条１項は「任命権者は、職員に対し、懲戒その他その意に反すると認める不利益な処分を行う場合においては、その際、その職員に対し処分の事由を記載した説明書を交付しなければならない」と規定しています。

Q46● 必要十分な「処分の事由」の適示①

　懲戒処分を行う際に交付する不利益処分説明書の「処分の事由」欄には、どの程度の事実を記載する必要があるのでしょうか。

A46

　地方公務員法49条１項が、職員に対し、懲戒等の不利益処分を行う場合にその「処分の事由」を記載した不利益処分説明書を交付しなければならないとしているのは、①処分権者に処分の事由を具体的に明記させることで、慎重かつ合理的な判断を促し、恣意的な処分が行われるのを抑制する、②処分の理由を職員に知らせて不服の申立てに便宜を与えるという２つの趣旨に基づくと考えられています。

　したがって、地方公務員法49条１項の不利益処分説明書の「処分の事由」欄には、いかなる事実関係に基づきいかなる法規を適用して不利益処分がされたかを、処分を受けた職員がその記載自体から理解して事後の審査請求や取消訴訟における主張・立証に役立てることができる程度に具体的に記載する必要があり、そのような具体的な記載を欠く場合、単に不利益処分の根拠規定を示すだけで当該規定の基礎となった事実関係を当然知りうるような事情がない限り、懲戒等の不利益処分が取り消されます（最三小判昭和60・１・22民集39巻１号１頁参照）。

Q47● 必要十分な「処分の事由」の適示②

　結局、今回のケースでは、不利益処分説明書の「処分の事由」欄にどのように記載をすればよかったのでしょうか。

本ケースの場合、伊藤CWは、Aさんに対するセクハラ行為について小林課長、X市人事課から事情を聴取されており、かつ、わいせつ行為を否認する内容の弁明書を提出したうえで懲戒処分を受けているわけですから、不利益処分説明書の「処分の事由」欄に「地方公務員法29条1項1号ないし3号により免職とする」としか記載がされていなかったとしても、わいせつ行為を理由に処分を受けたのだろうとおおむね予測はできたかもしれません。

　ですが、伊藤CWがセクハラ行為を否認している以上、X市長が懲戒処分を行うにあたり、具体的にどの事実を認定し処分の理由としたのかが明らかとされなければ、伊藤CWは、不服審査するにあたり、どのように争うべきかを判断し、また、不服が認められる見通しを立てることができません。たとえば、X市長がAさんの訴える事実をすべて認定したうえで伊藤CWを懲戒処分したことが明らかになれば、不服審査では、事実認定の正否が主たる争点になると考えることができます。他方で、伊藤CWがAさんに「ハグさせて」と言って抱きついた、胸を揉んだといった事実までは認定しないが、それでも1人でAさん宅を訪問した行為自体が不適切との理由で懲戒免職処分をしたのだということが明らかとなれば、不服審査では、他の同種事案と比較し免職処分はあまりに重く均衡を失しているとして平等原則違反の有無が主たる争点になるでしょう。伊藤CWは、不服が認められる可能性は相当高いだろうと見通しを立てることができるかもしれません。

　そして、事実の特定には、日時・場所、非違行為と評価される具体的な行為態様の記載が不可欠ですが、いきさつや動機といった事件の背景

にある細かい事情、あるいは、反省の有無などの情状に該当する事情まで記載する必要はありません。むしろ、余事記載は、不服審査での紛争をかえって複雑化する可能性がありますので、避けるのが無難です。

以上を踏まえると、X市長は、伊藤CWに対する懲戒処分を行うにあたり、不利益処分説明書の「処分の事由」欄に、少なくとも、「伊藤職員は、①8月上旬の就業時間後、1人でA宅を訪問し、Aに対し、その腕を触ったり撫でたりして、『スベスベしてるね』などと述べた、②10月中旬の就業時間後、1人でA宅を訪問し、Aに対し、『ハグさせて』と言って抱きついた。これらのことから、上記伊藤職員の行為は、地方公務員法29条1項各号の規定に該当するものと認められる」程度の記載はすべきであったといえます。

▶▶▷ 実際にあった裁判事例をみてみよう⑩

1 事案の概要

Y市の生活保護課の職員であったNさんが、担当する生活保護利用者5名にわいせつ行為を行ったなどとして、処分行政庁であるY市長から懲戒免職処分を受けたことに関し、わいせつ行為の事実の重要な部分を否定したうえで、当該懲戒処分には、①重大な事実誤認および裁量権の逸脱濫用がある、②処分理由説明書に地方公務員法49条1項所定の「処分の事由」の記載がない点で違法であると主張して、その取消しを求めた事案（水戸地判平成28・1・28判自414号42頁）です。

2 結論と争点

裁判所は、処分行政庁であるY市長がNさんに交付した処分理由説明書の「処分の事由」欄に「地方公務員法29条1項1号ないし3号により免職とする」とだけ記載され、それ以上の具体的な処分理由は記載がなかったことに関し、処分に至るまでに処分行政庁が複数回Nさんの事情

聴取を行い、Ｎさんが詳細な弁明書を提出していたなどの事情を考慮しても、Ｎさんがわいせつ行為の事実の重要な部分を争っていたことを踏まえると、Ｎさんが当該説明書の記載によって処分の原因となった事実を当然知り得たと認めることはできないとし、Ｎさんに対する懲戒処分は地方自治法49条１項の定める処分の事由の記載を欠いた違法な処分であり、これを取り消す旨の判決をしました。

　なお、裁判所は、懲戒処分を取り消したものの、

①　Ｎさんは、平成25年10月15日頃、１人でＥさん（保護利用者の女性）宅を訪れた。Ｅさんは、ちょうど外出しようとしていたところであり、Ｎさんに対し、夫が危篤状態にあるから病院に行く旨伝えたが、Ｎさんは、Ｅさん宅に入り、台所の温水器の様子を確認した後、その場で「ハグしよう」などと述べ、Ｅさんに抱きついた

②　Ｎさんは、平成25年10月30日の午後、年次有給休暇を取得したうえで、１人でＦさん（保護利用者の女性）宅を訪問し、部屋のカーテンを閉め、Ｆさんの背後からＦさんの乳房をまさぐり、乳首をなめるなどした。Ｎさんは、Ｆさんの背中に彫られている入れ墨を見たうえ、Ｎさんの右手をＦさんが穿いていたスパッツの中に差し入れて、Ｆさんの陰部を触った

③　Ｎさんは、平成24年７月13日、１人でＧさん（保護利用者の女性）宅を訪問し、座っていたＧさんの後ろからＧさんの腹部に手を回し、おなかを触っていると安らぐなどと述べた。その場から移動したＧさんを追うように付いていったＮさんは、Ｇさんに前から抱きつき、Ｇさんの耳元で「胸をなめさせて」と述べた。これに対し、Ｇさんは、「気持ち悪くなるから嫌だ」と述べた

など計11の非違行為があったことを認定しています。

3　弁護士のひと言

　裁判所が認定した計11の非違行為を読む限り、ケースワーカーの立場を利用して、保護利用者に対し、繰り返しその尊厳を踏みにじる行為に及んでいたというのですから、Ｎさんに課された懲戒免職処分は特別重いものではないと思います。

　ですが、これほどの非違行為の存在を前提としても、手続規定違反は正当化されない、手続規定違反を理由に懲戒処分は取り消されうるということは、念頭においておくべきです。Ｙ市は、Ｎさんに対する懲戒処分が取り消された結果、処分日以降まったく業務に従事していないＮさんに対し、支払っていなかったＮさんの給与相当額に加え（平成26年３月28日付けでされた懲戒処分について、これを取り消す内容の判決がされたのが平成28年１月28日、つまり、約１年10か月分も！）、新たな処分がされるまでの間の給与をＮさんに支払わざるを得ないわけで、その経済的な損失は馬鹿にならない、当然、違法な懲戒処分にかかわった職員の責任も大きくなります。

　なお、Ｙ市は、この判決の結果を受けて、市長と副市長の給料を３か月減額し（市長10％、副市長５％）、不利益処分説明書に携わった職員に対しても減給３か月（10％）の懲戒処分を行ったようです。[29]

29　広報「古河」127号（2016年４月号）14頁。

第9章 ■ ■ □

不当要求（接近型）への対応

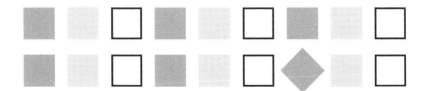

事例9-① 保護利用者に関する秘密の漏洩

　X市福祉事務所（保護課）の高木課長補佐（50歳代、男性）は、3月8日、他の保護課職員が課内勉強会で席を外していたため、2人組の来庁者の窓口対応をすることになった。40歳代の中肉中背でちょい悪風の男性は「児嶋」と名乗り、もう1人の男性は背が低く小太り体型で、「児嶋」より少し年上か、明らかに暴力団関係者といった風貌をしており、高木課長補佐はため息をつきたくなった。

　「児嶋」は、高木課長補佐が挨拶するや否や、「おたくで生活保護受けとるA、不正受給しとるで。市としても、調査せなマズいやろ。ワシが知っとること、教えたってもええ。ただ、Aはワシの嫁にちょっかい出したらしいさかい、ワシもAと直接会って話しせなあかんねん。けど、住所がわからん。ワシら、お互いに協力できんもんかのう？」と低く落ち着いた口調で尋ねてきた。高木課長補佐は、「児嶋」の只者ならぬ雰囲気に一瞬ひるみ、思わず、「今、Aさんの担当者は席を外していますので、戻り次第、連絡をさせます」と回答してしまった。「児嶋」を見送った後で、高木課長補佐は、「さっきの回答だと、Aさんが保護利用者であると言ったも同然じゃないのか」と気づき、泣きたい気持ちになった。そして、徐々に、「児嶋」がまた窓口に尋ねて来て、「AがX市で生活保護を利用していることを高木課長補佐から聞いた」などと触れ回ると面倒なことになりそうだ、「児嶋」が変なことを口走らないように「児嶋」の要求をある程度呑まざるを得ないのか、との思いを強くしていった。

　30分ほどして、Aさんの担当である中山係長（40歳代、男性）が課内勉強会から自席に戻ると、高木課長補佐は、中山係長に対し、「児嶋」と名乗る男性が窓口に訪ねてきたことを報告したうえで、「児嶋」

としたやりとりの内容は伏せたまま、Aさんの不正受給に関する調査をすること、「児嶋」に電話連絡することを指示し、そそくさとその場を離れ喫煙所へと向かった。

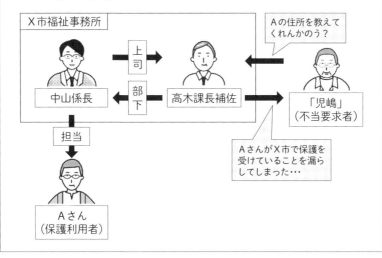

Q48● 地方公務員の秘密保持義務①

　　高木課長補佐の発言によって、「児嶋」は「AさんがX市で生活保護を利用している」という情報を確認できたのだと思いますが、そもそもどのような情報が漏らしてはいけない「秘密」にあたるのでしょうか。

A48

　地方公務員は、「職務上知り得た秘密を漏らしてはならない」（地方公務員法34条1項前段）とされ、これに違反した場合、1年以下の懲役ま

たは50万円以下の罰金に処せられます（同法60条2号）。[31]

　ここでいう「秘密」について、裁判実務では、「非公知の事項であって、実質的にもそれを秘密として保護するに価すると認められるもの」と考えられています（最二小決昭和52・12・19刑集31巻7号1053頁）。

　保護利用者である事実、その保護の実施機関がどこであるかという事実は、いずれも世間に広く知られている事項ではなく、また、Aさんのプライバシーに深くかかわる情報ですから、保護に値する「秘密」に該当します。

Q49● 地方公務員の秘密保持義務②

　高木課長補佐は、「AさんがX市で生活保護を利用している」と直接、口にしたわけではありません。また、その事実を知った相手は「児嶋」だけです。それでも秘密を「漏らし」たことになるのでしょうか。

A49

　秘密を「漏ら」す（地方公務員法34条1項）とは、当該職員以外は了知していない事実、あるいは特定の者しか了知していない事実を、広く一般に知らしめる行為または知らしめるおそれのある行為の一切をいい

30　地方公務員法34条1項は「職員は、職務上知り得た秘密を漏らしてはならない。その職を退いた後も、また、同様とする」と規定しています。

31　地方公務員法60条は「次の各号のいずれかに該当する者は、1年以下の懲役又は50万円以下の罰金に処する」とし、同条2号で「第34条第1項又は第2項の規定に違反して秘密を漏らした者」と規定しています。

ます。秘密事項を文書やインターネットで表示すること、口頭で伝えることにとどまらず、漏洩を黙認する、秘密事項を含む文書の管理や廃棄を適切に行わないなどの不作為も含みますし、漏洩の相手方が特定されているか不特定であるかも問いません[32]。

　高木課長補佐の行為は、「AさんがX市で生活保護を利用している」という秘密を直接、文書や口頭で明示したわけではありませんし、「児嶋」という特定人のみに向けられたものではありますが、それでも「漏ら」すに該当します。

Q50 ● 地方公務員の秘密保持義務③

　　高木課長補佐は、「児嶋」に対し、X市福祉事務所内にAさんの担当職員が存在すると示唆することで、「AさんがX市で生活保護を利用している」という事実を漏らしてしまったわけですが、秘密保持義務違反の罪で刑事罰を課されてしまうのでしょうか。

A 50

　日本の刑法では、原則として、故意（罪を犯す意思）がある場合のみが犯罪として処罰され、故意がない過失犯については、特別の規定がある場合にのみ犯罪が成立するとされています（刑法38条1項）[33]。つまり、故意犯は法律の条文に「故意に」と書かれていなくても刑事罰の対象に

32　橋本勇『新版　逐条地方公務員法〔第5次改訂版〕』（学陽書房、2020年）700頁。
33　刑法38条1項は「罪を犯す意思がない行為は、罰しない。ただし、法律に特別の規定がある場合は、この限りでない」と規定しています。

なりますが、過失犯は「過失により……した者は……に処する」という
ような特別の規定がない限り、犯罪とはなりません。

　そして、職務上知り得た秘密を漏らした地方公務員は、故意犯（わざ
と秘密を漏らした）の場合、刑事罰が課せられますが、過失犯（うっかり
秘密を漏らしてしまった）については特別の規定がないため、刑事罰の
対象とはなりません（懲戒処分等が課されることはあり得ます）。

　高木課長補佐は、「児嶋」に対し、「AさんがX市で生活保護を利用し
ている」という情報を漏らしてしまったわけですが、これは高木課長補
佐の脇の甘さから出たうっかりミスにすぎません。ですから、少なくと
も刑事罰の対象とはなりません。また、「児嶋」は、「AさんがX市で生
活保護を利用している」という情報について、高木課長補佐に示唆され
るまでもなく知っていたわけですから、Aさんのプライバシー侵害の程
度も大きくなく、懲戒処分等が課せられる可能性も極めて低いと思われ
ます。この段階で上司に報告・相談するなどしていれば、多少怒られた
かもしれませんが、後の刑事罰や懲戒処分も避けることができたかもし
れませんね。

事例9－②　要保護者以外の者による不当要求

　中山係長は、高木課長補佐の指示を訝しく思い、「児嶋」への電話を先延ばしにしていたが、再三せっつかれたため、3月17日になってようやく、「児嶋」に電話をすることにした。「児嶋」が、落ち着いた低い声で、「おたくが担当しているＡ、ワシの嫁にちょっかいだしたらしくてのう。Ａにはけじめとらせなあかんねん。あんたも男なら、ワシの気持ち、わかってくれるやろ」、「Ａがどこにおるかわからんで、困っとんねん」、「あんたは、ええ人や。声聞いとったら、それはようわかる。困っとる市民おったら、ほっとけん人やろ」、「ワシ、ほんと困っとんねん。Ｘ市に税金もちゃんと納めとんで。そこはＡとはちゃうさかい」、「Ａの住所さえわかれば、それを誰から聞いたとか、絶対、チンコロせえへん。そんな恩人を売るような真似、絶対、せえへん」、「今回限りやで、頼むさかい。これ、聞いてくれたら、もう何も言わんさかい」などと、Ａさんの住所を教えるよう執拗に求めてきたが、中山係長は、Ａさんの個人情報を提供することはできない旨繰り返し回答し、何とか電話での会話を終えた。中山係長は、「児嶋」の言葉遣いの端々に反社会的勢力特有の圧を感じたし、しつこくて面倒な人だとも思ったが、そんな「児嶋」に持ち上げられて少しくすぐったい気持ちになったことも否定できなかった。

　3月27日、「児嶋」が予告なく来庁した。中山係長は、あれだけ何度も断ったのに、とため息をつきたくなったが、気を取り直し、高木課長補佐にも声をかけ、2人で応対することにした。「児嶋」が「高木さん、Ａの住所教えてくれたら、Ａの不正受給でワシの知っとること教えたるいう話、考えてくれたかのう？」、「Ａが不正受給

しとるゆうのに、それ、知らんふりしとったら、マズいことにならんか。ワシはあんたらのこと心配しとんねんで」と言うので、中山係長は、「児嶋」と高木課長補佐との間で以前にどんなやりとりがあったんだ？　と疑問に感じながらも、Ａさんの個人情報を教えることはできない旨即座に回答した。すると、「児嶋」は、打って変わって、「あんたら、公僕やろ。市民が困っとるいうとんねん。Ａは助けて、ワシのことは助けれんいうんは、それ、道理が通らんのとちゃうか」と凄むように言った。中山係長と高木課長補佐が一瞬ひるむと、「児嶋」は、少し間を空け、いつもの落ち着いた低い声で、「わかった。そう言わなしゃあない、あんたらの立場もわかる。ワシは、そういった道理がまったくわからん、そこらのチンピラやない」、「あんたらから聞いたんやない。偶然、Ａの住所がわかった、それなら問題ないんと違うか」と提案してきた。中山係長が固まったままそれ以上言い返すことができないでいると、今度は高木課長補佐が「そうであれば、私たちが今からＡさん宅に訪問するので、あなたは、たまたま私たちの乗った車を追いかけていたらＡさん宅に辿り着いた、そういうことにしませんか」と言い出したので、中山係長は、思わず高木課長補佐の顔を二度見した。我に返り、「高木さん、そんな形だけ取り繕っても、ダメなものはダメですよ」と慌てて反対したが、結局、「いつまでもこんな話してててもしょうがないだろう。『児嶋』さんだって私たちに迷惑かけるような無茶はしないだろうし」と主張する高木課長補佐に押し切られてしまった。

＊

　高木課長補佐と中山係長が偶然を装って「児嶋」をＡさん宅に案内した数日後、中山係長は、Ａさんから電話を受け、「児嶋」がＡさん宅を直接訪問しＡさんに接触し恫喝したとの苦情を受けた。「うちは何も関係していませんよ」と弁解したものの、Ａさんがｘ市福祉事務所に不信感を抱いていることは明らかだった。

　7月11日、高木課長補佐と中山係長は、地方公務員法違反（秘密
保持義務違反）の被疑事実で逮捕された。

Q51 ● 不当要求（接近型）への対応①

　　　　　高木課長補佐も中山係長も、「児嶋」と名乗る男性による、
保護利用者Aさんの住所を開示せよとの求めに応じる必要はなかったと
思いますが、このような不当要求に対し、どのように対応すればよいの
でしょうか。

A51

　高木課長補佐と中山係長は、「児嶋」に対して、Aさんの住所という
秘密を故意に（わざと）漏らしており、これは地方公務員の秘密を守る
義務に違反し刑事罰の対象となる行為です。「児嶋」がAさんの住所を
知らず、また、Aさんの住所を知った後でAさんと接触していることも
踏まえると、Aさんのプライバシーの侵害の程度も大きいといえます。
「児嶋」の要求は、応じる必要がない、ではなくて、応じるべきではな
い、まさに不当要求に該当します。

　他方で、「児嶋」は、要保護者（現に保護を受けているといないとにか
かわらず、保護を必要とする状態にある者。生活保護法6条2項）ではあり
ませんし、その自立を助長する目的を有しているわけでもありませんか
ら、保護の実施機関は、「児嶋」からの相談に応じ、必要な助言をする
必要はありません（同法27条の2参照）。また、たとえば、職員が誤った
説明をしてしまい、相手がそれをネタに高額の慰謝料を請求してきたな

ど、こちらに落ち度があって相手に攻撃の口実がある場合、相手の要求が不当だとしても、こちらのミスに対しては謝罪をし、相手に損害が生じたのであれば適正な賠償をするなど、どうしても相手と議論をしなければならない状況が生じます。ですが、そもそもこちらに落ち度がない場合、相手と議論をする必要がありません。

　「児嶋」のように、相手にこちらを攻撃する口実がないにもかかわらず、相手が接近してきて不当な要求をするケースは、不当要求のうち接近型に分類されます。[34]そして、接近型の不当要求の場合、相手と議論をする必要がありませんので、その対応は、「議論はせず、端的に断る」ということに尽きます。議論をすることで、かえって相手に攻撃の口実を与えることになりかねません。

　そもそも、議論は、同じ価値観、行政機関職員と市民との関係でいうならば、法を遵守するという価値観を当事者間で共有できていなければ、成立しようがありません。個人情報保護の趣旨や公務員の秘密を守る義務について、不当要求者にいくら説明したところで、そもそも不当要求者はそんなものを遵守する価値観を持ち合わせていないのですから、不当要求者が納得して引き下がるということはあり得ません。時間の無駄です。不当要求者に長時間対応したがために、他の業務が就業時間内に終わらないのであれば、それこそまさに職務怠慢といえます。

　高木課長補佐は、不当な要求をする「児嶋」に対しては、「市民の方の個人情報に関しては、お答えできません」、「何度おっしゃられても、こちらの回答は変わりません」「これ以上、お話できることはありません。どうぞ、お帰りください」などと、議論することなく、端的に断る対応をすべきでした。

34　攻撃型への対応については第10章Q53〜Q60参照。

Q52● 不当要求（接近型）への対応②

　　　　高木課長補佐は、「児嶋」に対し、Ｘ市福祉事務所内にＡさんの担当者が存在すると示唆することで、Ａさんが保護利用者であるという「秘密」をうっかり漏らしてしまいました。そして、このうっかりミスが尾を引いたのか、「児嶋」にペースを握られたまま、ズルズルと不当要求に応じています。高木課長補佐は、うっかりミスに気づいてしまった後で、どのように対応すればよかったのでしょうか。

A52

　うっかりミスは誰にでも起こり得ます。ミスをしてしまったときには、下手に取り繕おうとせず、法令（例：地方公務員の秘密保持義務違反）の要件・効果や不当要求への対応について基本に立ち返って考え行動することが大事です（そのためには、ミスに気づいたらすぐに、自分以外の誰かに相談し、客観的な意見を求めることが極めて有効です）。

　高木課長補佐も、Ａさんが保護利用者であるという「秘密」をうっかり漏らしたとしても、その後で基本に立ち返って考え、それが犯罪にはあたらないこと、また、Ａさんのプライバシー侵害の程度も大きくなく、懲戒処分の可能性も低いことを十分に認識できてさえいれば、違った対応ができたのではないでしょうか。

▶▶▷実際にあった裁判事例をみてみよう⑪

1　事案の概要

　Ｙ市福祉事務所のＳ課長補佐が、暴力団とつながりのあると思われる男性Ｄさんから、生活保護利用者Ｂさんの不正受給に関する情報を提供

することと引き換えに、Ｂさんの住所を教えるよう要求されたところ、Ｄさんの要求に怖さやしつこさを感じつつも、一方で、Ｂさんに関する不正受給にかかわる情報が得られるかもしれないと期待して、部下であるＭ係長と共に、生活保護台帳を閲覧して知ったＢさんの住所地をＤさんに教示したとして、職務上知り得た秘密を漏らしたという刑法60条、地方公務員法60条２号・34条１項前段の罪に問われた事案（水戸地判平成29・12・18D1-Law）です。[35]

2　結論と判決のポイント

　判決内容からは、Ｓ課長補佐は、Ｄさんに対し、Ｂさんが保護利用者であることを前提としたような回答をしてしまったことから、取引に応じざるを得ないという気持ちになったことがうかがえます。そして、部下であるＭ係長が当該男性の要求に応じられない姿勢を示していたにもかかわらず、当該男性への対応をＭ係長に任せ、最終的には、事件当日にも当該男性の要求に応じられない姿勢を示していたＭ係長に対し、当該男性への情報漏洩を指示したことから、Ｍ係長よりも刑事責任は明らかに大きいとして、懲役４月執行猶予３年の刑が言い渡されました（Ｍ係長はすでに罰金50万円の刑に処せられていました）。

　なお、裁判所は、Ｓ課長補佐に有利な情状として、①Ｓ課長補佐には、自ら利益を求める目的はなかったこと、②男性から複数回にわたって情報提供を求められ、その要求内容も、Ｂさんの住所自体を口頭で教えられないなら偶然を装って案内してくれ、などという執拗ともいえる面があったことは否めないこと、③Ｓ課長補佐が罪となる事実を認め、Ｂさんに謝罪文を送付したこと、④弁護人を通じて、Ｂさんとの間で、Ｂさんに対し、Ｓ課長補佐とＭ係長とが連帯して50万円を支払うことを約束

35　男性Ｄさんの刑事責任については後掲水戸地判平成30・４・11参照。

し、他方で、Bさんは S 課長補佐の処罰を求めないことなどを内容とする示談が成立したこと、⑤情状証人として S 課長補佐の妻と上司が出廷し、S 課長補佐の監督ないし支援を誓っていること、⑥S 課長補佐に前科前歴がないこと、⑦S 課長補佐は、本件により逮捕・勾留され、また、実名で新聞報道されるなど一定の社会的制裁を受けたこと、⑧S 課長補佐は、本件により Y 市から停職または免職という厳しい内容の懲戒処分を課せられるものと予想されること、⑨S 課長補佐について、友人等約3500名から寛大な処分を求める嘆願書が提出されていること、などを認定しています。

3　弁護士のひと言

S 課長補佐に有利に斟酌された情状をみる限り、S 課長補佐の弁護人は、いわゆる認め事件においてできる限りの弁護活動を行ったことがうかがえます。一般的に、親族や同僚の嘆願書が量刑にどのくらい影響するのかは疑問のあるところですが、3500名もの署名が集まるのは珍しいですし、これだけの署名を目の当たりにすれば、さすがに裁判官の心も少しは動かされるのかもしれませんね。

▶ ▶ ▷ 実際にあった裁判事例をみてみよう⑫

1　事案の概要

被告人である D さんが、平成29年3月8日から同月27日にかけて、前後3回にわたり、Y 市福祉事務所職員3名（S 課長補佐と M 係長を含む）に対し、面会または電話により、保護利用者 B さんの保護費不正受給に関する情報を提供する見返りに、職員らが把握している B さんの住所等の情報を提供してほしい旨要求することで、地方公務員に対して職務上知り得た秘密を漏らす行為を教唆したとして、地方公務員法62条・60条2号・34条1項前段の罪に問われた事案（水戸地判平成30・4・11D1-

Law）です。[36]

2　結論と判決のポイント

　Dさんが、S課長補佐らからBさんの住所を案内された数日後、直接、そこを訪問して、Bさんに接触し、その後、Bさんが転居するなど、結果として、Bさんに対するプライバシーが大きく侵害されたことも踏まえ、裁判所は、Dさんに対して、懲役3月の刑を言い渡しました。なお、Dさんには、平成29年2月17日に逮捕監禁および傷害の罪で懲役2年6月、5年間執行猶予に処せられたという前科があったため、執行猶予の付かない実刑判決となっています。

3　弁護士のひと言

　Dさんが執拗に働きかけをしなければ、そもそもS課長補佐はBさんの住所を漏らしたりはしなかったのですから、S課長補佐が懲役4月の刑を受けたのに対して、Dさんの受けた刑が懲役3月であるのは一見不均衡であるように思われるかもしれません。

　もっとも、Dさんには懲役2年6月（執行猶予5年）の前科があり、その前刑の執行猶予が今回の判決が確定することにより取り消されるため、結局、3月＋2年6月の長期にわたる服役が予想されることを踏まえ、裁判所がDさんに情けをかけたと考えるべきで、一概にS課長補佐の罪責がDさんよりも重いのだということはできません。

36　S課長補佐の刑事責任については前掲水戸地判平成29・12・18参照。

第10章

不当要求（攻撃型）への対応

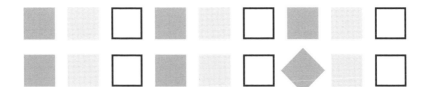

事例10-① 保護利用者による不当要求の始まり

　X市福祉事務所（福祉課保護係）は、640の保護利用世帯に対し係長（査察指導員）１名とケースワーカー５名体制で対応している。人口が５万6000人であるのに比して保護利用世帯数こそ少ないものの、生活保護を取り扱う福祉課保護係の職員数も少ないため、ここでの業務はかなりハードモードである[37]。誰も保護係への異動を希望しないと、まことしやかに囁かれている。

　星野CW（30歳代、男性）は、ケースワーカーになって５年目、まだ若いものの、ここでは最古参になる。直属の上司にあたる上田保護係長（40歳代、男性）と柿田福祉課長（50歳代、男性）は、１年ほど前から、X市の複数の課に執拗に苦情・クレームを入れる保護利用者Hさんへの対応に苦慮し、ほとんどかかりきりになっていた。Hさんとの電話や面談が２時間３時間に及ぶことも日常茶飯事で、疲れ切った２人の表情が保護係全体の雰囲気を暗く重苦しいものにしているようだった。

＊

　１月５日、Aさんの保護開始決定がされた。Aさんは50歳代の男性、元暴力団員で傷害致死の前科もあり、出所後すぐに保護申請をしたらしかった。Aさんの担当となった星野CWは、ちゃんと刑務所で更生してくれてるといいんだけど、と願わずにはいられなかった。

　１月中旬、Aさんが初回の保護費の受取りのために来庁した。中

37　社会福祉法16条２号は、市が設置する福祉事務所のケースワーカーの定数について、保護利用世帯あたり１名をおくことを標準としています。

肉中背、心なしか眼光が鋭く、有無を言わせぬ迫力がある、それが
Ａさんの第一印象だった。星野CWが挨拶をすると、「よろしゅう頼
むわ」と返事があった。話をしてみると、とにかくよく喋る。元暴
力団員であったことも前科があることも隠すつもりはないらしい。
そうかと言ってヤンチャ自慢をするわけでもない。星野CWは、初
回の面談を終えて、とりあえず面倒くさい感じの人でなくてよかっ
た、とホッと一息ついた。

＊

　その後、上田係長と柿田課長は、あいかわらずＨさんの対応に追
われていたものの、Ａさんに関しては、何事もなく10か月が過ぎた。
　11月に入ってすぐ、Ａさんが保護係に電話をしてきた。星野CW
が対応した。スマートフォンを購入したはいいものの、使い方がよ
くわからないらしい。
星野CW「スマートフォンの右側面にあるボタンをしばらく押して
　　　　みてください」
Ａさん　「何も変わらんよ」
星野CW「画面が明るくならないですか？　充電は十分されてます
　　　　か？」
Ａさん　「充電って？」
星野CW「スマートフォンの本体といっしょに、30センチくらいの
　　　　コードと、アダプターって言って、コンセントに差し込む
　　　　やつ、入ってませんでしたか？」
Ａさん　「ああ、これか」
星野CW「それをつないでみてください」
　そんなやりとりが１時間ほどあり、その日の通話を終えた。
　翌日以降連日、Ａさんから星野CW宛に電話が入るようになっ
た。「目覚まし時計代わりになるって聞いたが、どうすりゃええん

かの？」、「ワシのこの電話でYouTubeってのが観れるらしいのう。やり方、教えてくれんかの？」、「バスの時刻、調べたいんじゃが、どこをいじればいいんかの？」。電話のたびに2時間、3時間と時間がとられるので、星野CWも、だんだんAさんからの電話が煩わしくなってきた。さらに1週間ほどして、あいかわらず連日、Aさんから電話を受ける中で、Aさんの口から、「最近、隣の若いもんが遅くまで騒いどってのう、なかなか寝られんのじゃ。引っ越しさせてもらえんかのう？」、「この前、保護費で眼鏡買ってもらったじゃろ。あれな、どうもしっくりこんのじゃ。新しいの、買ってもらえんかの？」といった、保護費の追加支給の要望も混じり始めた。星野CWは、「すみません、それはちょっと無理なんです」などと返答しながら、Aさんもだいぶ図々しいことを言うようになってきたな、そろそろ地が出てきたのかな、と漠然とした不安を抱くようになった。

＊

　11月中旬、星野CWは、いつものようにAさんからの電話を受けた。外出先からの電話なのか、某スーパーのテーマソングらしきものが電話口から聞こえてくる。「今のぉ、スーパーに買い物に来とんのじゃ、いろいろと要り用があっての。ちょっと荷物が多いんでの、面倒かけてすまんが、ちょっと車で迎えに来てもらえんかのう？」と言われ、星野CWは、その厚かましさにさすがにムッとした。「そういったことはできません」と断りを入れながら、普段より言葉に険があることを自覚した。

　すると、その雰囲気が伝わったのか、Aさんは、激高して、「市民が困っとるから電話しとんのに、その口の利き方はなんじゃ」と大声を上げた。星野CWは、思いがけない事態に体が固まった。言い方がマズかったか、と思うとともに、「元暴力団員」、「傷害致死

の前科」といった言葉が頭を過り、喉が渇いて声がうまく出ない。
何かを踏みつけるような音がしてから、「ワレが怒らせるさかい、
眼鏡が壊れたやないか。どうしてくれんのや。弁償せんかい！」と
怒鳴り声が聞こえてきた。

Q53 ● 不当要求（攻撃型）への対応①

　Aさんは、星野CWに車で迎えに来るように言い、それを
断ったときの口の利き方に難癖をつけて、眼鏡の買換費用を要求してい
ます。このような不当要求に対し、どのように対応すればよいですか。

A53

　こちらに何らかの落ち度があると主張して（言いがかりや難癖にすぎな
い場合も含みます）、それをネタにして法的に認められる以上の要求をし
てくる類型の不当要求は、攻撃型に分類されます。その手口の特徴とし
て、こちらの落ち度を徹底的に攻撃する、攻撃を受け、こちらが説明や
謝罪をすると、さらにその内容や態様から材料を見つけて攻撃を強める、
論理のすり替えや藁人形論法（相手の主張を歪めて引用し、その歪められ
た主張に対して反論する論法）を頻繁に行う、といった点をあげることが
できます。

　そして、不当要求（接近型）と異なり、相手がこちらに何らかの落ち
度があると主張している以上、相手に対し、適正な説明、場合によって

38　接近型への対応については第9章Q51〜Q52参照。

は謝罪・損害の塡補を行う必要があります。つまり、相手の要求を「議論せずに断る」ことはできません。

　具体的には、以下の手順で対応することになります。

①　法に則り、要件・効果を確認する

②　相手の武器である威嚇的行為（大声、脅し文句）を封じる

③　論理のすり替え、藁人形論法には冷静に対処する

④　裏取引はしない

　また、職員個人ではどうにもなりません。組織的に対応することが必要です。[39]

Q54 ● 不当要求（攻撃型）への対応②

　不当要求への対応の手順のうち、「法に則り、要件・効果を確認する」とは、具体的にどういうことを指すのですか。

A54

　世の中はさまざまな倫理観で溢れています。「不倫なんて許せない」と言う人もいれば、「不倫は文化だ」と言う人もいます。「鯨を食べるなんて反倫理的だ」という意見もあれば、「異文化への不寛容こそ問題だ」という意見もあります。そして、何を正しいと考えるか、倫理観は人それぞれですが、明確な基準もなく極めて主観的な倫理観に基づき、人に何かを強制できる、人が何かを強制されるような社会が早晩崩壊するこ

39　日本弁護士連合会＝中国地方弁護士連合会＝広島弁護士会「第75回　民事介入暴力対策広島大会協議会資料（誰もが安心して暮らせる世の中になるために〜不当要求に対する現場での具体的対応方法とその援護システム）」（2011年）参照。

とは歴史が証明しています。ですから、日本を含む近代国家は、客観的かつ明確な基準である法によってのみ人の自由が制約される法治主義を採用しています（まだ日本も採用しているはずです、たぶん）。

多くの不当要求者は、法ではなく、自身の倫理観を持ち出してきて、攻撃対象者を攻撃します。

ですから、不当要求（攻撃型）への対応の方針を決めるにあたっては、まず、相手の要求に対し、何をすべきで、何をする必要がないかについて、法に則って確認する、つまり、道義的責任と法的責任とを峻別する作業が必要となります。

たとえば、「ケースワーカーとしての口の利き方がなっていない、どないかせい」ということであれば、国家賠償法１条１項に基づく損害賠償責任が問題となります。

そして、その要件事実（一定の法律効果、たとえば損害賠償請求権が発生するために必要な具体的事実のこと）は、

ⓐ　被害を訴える者の権利または法律上保護される利益の存在

ⓑ　公権力の行使にあたる公務員によってⓐが侵害されたこと

ⓒ　ⓑが当該公務員の職務を行うについてなされたこと

ⓓ　ⓑの行為が違法であること

ⓔ　当該公務員の故意または過失

ⓕ　損害の発生および額

ⓖ　ⓑとⓕの因果関係（その行為から通常その結果が生じるといえる関係）

だと考えられています。[40]　そして、①違法な加害行為（ⓐⓑⓒⓓⓔ）、②損

40　岡口基一『要件事実マニュアル〔第6版〕第2巻民法2』（ぎょうせい、2020年）609頁以下。

害（f）、③因果関係（g）の要件事実をすべて満たして初めて、損害
賠償責任が発生します。

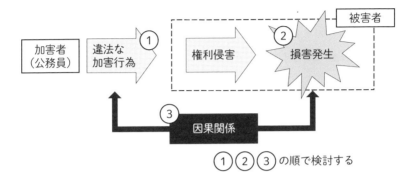

仮に、車で迎えに来て荷物を運ぶよう求めるAさんに対し、腹を立て
た星野CWが「バカなんですか、あなた。人に迷惑かけることしかでき
んのなら、もう生きてる意味ないんとちゃいますか。死になさいよ、い
いや、死んでください、お願いしますから」と回答したのであれば（し
ちゃダメですよ）、これは公務員がケースワーク業務を行ううえでした
「侮辱」（他人の人格を蔑視する価値判断を示すこと。刑法231条）に該当す
る違法な加害行為といえますから、少なくとも違法な加害行為（①）の
要件事実を満たします。

いかにもバカにしたような口調で「そんなの無理に決まってるでしょ。
くだらないこと相談しないでくれます？　こっちも忙しいんで、あなた
の相手ばかりしてられないんですよ」と回答した場合、ケースワーカー
として極めて不適切な対応ではありますが、違法とまではいえないかも
しれません。

他方で、「そういったことはできません」、「どうしても車が必要とい
うことでしたら、お渡しした保護費の中でタクシーを利用するなりして、
やりくりしていただくほかないかと思います」といった回答であれば、

希望に沿う回答を得られなかったＡさんがどれほど気分を害しようが、回答自体は違法でも不適切でもありません。どれほど「気分を害した」と言われたところで、それは言いがかり、難癖であって、まともに取り合うべきではありません。

そして、法的な責任（損害賠償責任）は、違法な加害行為（①）があって初めて発生します。いかに不適切な対応であろうと、違法とまではいえないのであれば、何かを強制される理由にはなりません。道義的見地から謝罪をするか否かの判断をすることになります。あくまで謝罪をすべきかを自ら判断するのであって強制ではありませんし、謝罪したことによって何らかの法的責任が生じるわけでもありません（ただし、「申し訳ありません。何でもしますから許してください」と言ってしまった場合、謝罪によってではなく、「何でもする」ことを条件として「許す」という合意に基づいて法的責任が発生することはあり得ます）。

また、違法な加害行為（①）があったとしても、無制限に損害賠償責任を負うわけではありませんので、そこで思考停止せず、要件・効果をさらに確認していく必要があります。

たとえば、ケースワーカーの口の利き方がなっていない、それによる損害として、まず想定されるのは、ひどいことを言われて心が傷ついた、心の痛みに対する補償、つまり慰謝料です。もっとも、侮辱行為に対する慰謝料の相場は良くも悪くも低廉で、裁判で認められたとしてもせいぜい数万円です。加えて、Ａさんは、星野ＣＷの口の利き方に腹を立て眼鏡を壊したと主張しています。これが事実であれば、眼鏡の修理費（場合によっては、使用消耗・経年劣化を加味した眼鏡の時価相当額）は損害（②）にあたります。ですが、通常一般人が公務員の口の利き方に腹を立てたからといって物を壊すとは考えられませんから、その損害と不法行為との間の因果関係（③）は否定され、いずれにせよ、国家賠償法

１条１項に基づく損害賠償責任は発生しないという結論となります。

Q55 ● 不当要求（攻撃型）への対応③

　　　　福祉事務所職員に対して、要求を通すために大声を出したり、時には脅し文句をいう保護利用者がいます。どのように対応すべきでしょうか。

A55

　相手の威嚇的行為（大声、脅し文句）に晒されると、対応する職員は疲弊しますし、威嚇的行為を容認する職員の態度は、相手に軽く見られ、ますます勢いづかせることになりかねません。「そんな気の弱い職員は要らん。言われたら言い返したらええんや」との向きもありますが、相手の威嚇的行為に付き合って冷静さを欠いてしまえば、相手の論理のすり替えに対応できず、墓穴を掘る可能性を高めます。また、売り言葉に買い言葉で不必要に相手を刺激してしまう危険性も否定できません（暴力団員的なノリがまだ消えない保護利用者にとって面子は福祉事務所職員の命より確実に重いですから、その面子を潰すような言動は文字どおり命取りになりかねません）。「暴力団なんて、別に怖くもなんともねぇよ」というようなことは言わずに、相手の威嚇的行為を封じる対応を徹底すべきです。

　具体的には、①脅迫・強要・業務妨害である旨明確にする、②威嚇的行為の証拠として録音をするといった対応をしてみてください。

〔脅迫・強要・業務妨害である旨明確にする〕

　多くの不当要求者は、威嚇的行為（大声、脅し文句）を用いながらも、

他方で、そのことによって警察の介入を招くことは望んでいません。つまり、脅迫罪（刑法222条）や強要罪（同法223条）、威力業務妨害罪（同法234条）など、いずれも故意犯（わざとやった）のみが犯罪とされていることから、「殺してやる」とか「爆弾を仕掛けた」のように、後になって「脅すつもりはなかった」、「業務を妨害するつもりはなかった」と言い逃れをする余地がなくなるような表現を避ける傾向があります。

　裏を返すと、相手の威嚇的行為が脅迫・強要・業務妨害である旨、会話中で明確にし、「そんなつもりはなかった」と言い逃れる余地を塞ぐことが威嚇的行為の抑止につながります。

　そして、相手が手詰まりとなってトーンダウンしたのを見計らい、交渉を打ち切ります。

┌─【対応例】─────────────────────────┐

不当要求者「できない、できないって言われても、あんたのその言
　　　　　　い方じゃ、納得できんわな」

職　　　員「私の言い方で気分を害されたのであれば、その点につ
　　　　　　いては謝罪します。ですが、『できないものはできない』
　　　　　　とお答えするしかありませんので」

└──────────────────────────────┘

41　刑法222条は１項で「生命、身体、自由、名誉又は財産に対し害を加える旨を告知して人を脅迫した者は、２年以下の懲役又は30万円以下の罰金に処する」、２項で「親族の生命、身体、自由、名誉又は財産に対し害を加える旨を告知して人を脅迫した者も、前項と同様とする」と規定しています。

42　刑法223条は１項で「生命、身体、自由、名誉若しくは財産に対し害を加える旨を告知して人を脅迫し、又は暴行を用いて、人に義務のないことを行わせ、又は権利の行使を妨害した者は、３年以下の懲役に処する」、２項で「親族の生命、身体、自由、名誉又は財産に対し害を加える旨を告知して脅迫し、人に義務のないことを行わせ、又は権利の行使を妨害した者も、前項と同様とする」と規定しています。

43　刑法234条は「威力を用いて人の業務を妨害した者も、前条の例（３年以下の懲役又は50万円以下の罰金）による」と規定しています。

183

⇒謝罪をしても、法的責任は生じない。会話の進行をスムーズにするためであれば、謝辞を述べることを躊躇する必要はない。ただし、こちらに非がないことは明確にしておく。

不当要求者「謝罪しますって、偉そうに。本当に申し訳ないって思ってんなら、もっと言い方があるやろ。ワシ、おかしなこと言ってるか？」

職　　員「何と言われても、私としては、できないものはできないとしか申し上げられませんので」

不当要求者「あんたね、ワシは、もう歳もとったし、今さら問題起こす気はあらへんよ。ただね、昔、○○組の若いもん、よう面倒みてやっとったさかい、そいつらが今は偉うなって、それでも、義理堅いっちゅうか、ワシのこと心配して連絡してくんのよ。そいつらがあんたのそのナメた言い草聞いたら、どう思うんかのうって話よ。ワシ、あんたのこと、心配してんねんで」

職　　員「○○さんは、私が○○さんの要求を受け入れなければ、○○組の人を焚（た）きつけて私に危害を加えると、そう脅迫されるんですか？」

⇒脅迫されているとの認識を示すことで、「そんなつもりはなかった」という相手の逃げ道を塞ぐ。

不当要求者「何もそげなことは言うとらんやろ」

職　　員「○○組ですとか、そういう物騒な話をされるようでしたら、私共としては警察に相談しながら対応せざるを得なくなりますので」

⇒不当要求者は、不当要求が自らの利益になり、かつ、安全だと考えているからこそ、繰り返す。「どうせ、警察には相談しないだろう」と高を括られては、ますます増長する。脅迫・強要・威力業務妨害について、警察への相談を躊躇しない。

> 不当要求者「警察って、あれか、ワシのこと、犯罪者やって、あん
> 　　　　　　た、そう言うとんのか」
> 職　　　員「そうは言ってません。ただ、さきほどのような物言い
> 　　　　　　をされると、私は怖いですし、今、私が怖いと思って
> 　　　　　　いることを、こうして○○さんにもお伝えしました。
> 　　　　　　それでもなお、○○さんが○○組だとか、そういう物
> 　　　　　　騒なことをおっしゃるのであれば、それは脅迫にあた
> 　　　　　　ると考えますので、警察に対応をお願いせざるを得な
> 　　　　　　いと、そう申しているだけです」
> 不当要求者「ニヤニヤすんな、ワシは真剣に話してんねんぞ」
> 職　　　員「ニヤニヤしていません。私も真剣に話してますよ」
> 　⇒手詰まりになりながらも、何とか攻撃のネタを探そうとしている。
> 　　隙を与えないためにも、安易に非を認めない、まともに取り合わない。
> 不当要求者「胸くそ悪いんじゃ、あんたのツラ」
> 職　　　員「○○さんがどういう話をされても、こちらの回答は変
> 　　　　　　わりませんし、これ以上お話しできることもありませ
> 　　　　　　ん。他の業務もありますので、今日のところはお帰り
> 　　　　　　ください」
> 　⇒相手が完全に手詰まりとなれば、交渉を打ち切るチャンス、ここを
> 　　見逃さない。

〔威嚇的行為の証拠として録音をする〕

　会話が録音されているとなれば、相手もおいそれと威嚇的行為に及ぶ
わけにはいかなくなります。また、警察と連携して対応せざるを得ない
場合も想定されるところですが、威嚇的行為の内容・態様について再現
可能な証拠の有無は、警察の対応を大きく左右します。

┌─────────────────────────────────────
【対応例】

不当要求者「できない、できないって、同じことばっか繰り返しや
　　　　　　がって、おのれはオウムか？　福祉事務所の業務が、
　　　　　　とかそんなことを言うとんのとちゃうねん。そんなも
　　　　　　ん、知るか。1人の人間として、困っとる市民が電話
　　　　　　かけてきとんのや。そんな対応でええんかって話をし
　　　　　　とんのや」

職　　　員「ちょっと、いいですか。○○さん、先ほどから言葉が
　　　　　　ずいぶん強いように思います。もう少し冷静にお話い
　　　　　　ただけませんか」

⇒こちらが冷静さを保つためにも、相手に冷静な対応を求める。

不当要求者「そら、どういう意味や。おのれが訳わからんことばっ
　　　　　　か言うさかい、こっちも熱くなるんやろが」

⇒録音を開始する。

職　　　員「そうですか。では、ここからは言った言わないで問題
　　　　　　になっても困りますので、会話を録音させていただき
　　　　　　ます。」

⇒録音していることを相手に認識させる。

⇒録音を開始した後、録音を開始した旨説明することで、録音開始に
　至った経緯も記録化・証拠化する。

⇒相手の同意は求めない。相手が威嚇的行為に及ぶ場面では、そもそ
　も同意は不要である。にもかかわらず、「録音させていただけますか」
　など、相手の同意を求める対応をすると、同意が得られない場合に
　手詰まりとなる。

不当要求者「録音？　問題になるってなんや、その言い方は。失礼
　　　　　　やろが。おのれは何の権限があってそんな偉そうなこ
　　　　　　と言っとんのや」

職　　　員「ケースワーカーの業務として、○○さんのお話を正確
　　　　　　に記録に残すための録音です。ご理解ください」

不当要求者「ご理解もご無体もあるか。ワシのプライバシーはどう
　　　　　　なるんや」

職　　　員「ですから、事前に『録音させていただきます』と申し
　　　　　　上げています。そもそも、○○さんの要求を正確に把
　　　　　　握するために記録として残すのであって、こちらから
　　　　　　○○さんのプライバシーの問題にまで踏み込んでお聴
　　　　　　きするつもりはありません。○○さんだって、録音さ
　　　　　　れてマズい話をされるわけではないですよね？」

　⇒「録音する権限」、「プライバシー侵害」は不当要求者の常套句である。
　　適切な切り返しをあらかじめ用意しておく。

（中略）

職　　　員「それでは電話を切らせていただきます。失礼します」
　⇒電話を切り、その場で時間を確認する。
職　　　員「○○年○○月○○日○○時○○分」
　⇒録音を停止する。
　⇒警察との連携が想定される場合、会話の日時の特定は必須となる。
　　記録化・証拠化することを忘れない。

Q56● 不当要求（攻撃型）への対応④

　　　　　　ケースワーカーは保護利用者に対して受容的であるべき、つ
まり、保護利用者について、「良い部分も悪い部分も含めて、そのまま
で構わない」と認めることが大切だと教わりました。保護利用者が不当
要求を繰り返す場合に不当要求者として厳しく対応することは、受容的
な態度と相反するのではないでしょうか。

A 56

　保護利用者に対する受容的態度は、生活保護という制度の枠内で、保護利用者の自立を援助するうえで求められるものです。不当な態様（例：大声を出す、威嚇する）あるいは内容（例：ケースワーカー個人に金銭を無心する、土下座を求める）の要求に応じることは、生活保護制度による自立の援助の範疇を超えていますので、これに厳しく対応しても、ケースワーカーに求められる受容的態度と相反するわけではありません。

　もっとも、保護利用者の言動が生活保護制度の枠内のものとして許容できるか否か、その境界線についてしっかり認識できていなければ、厳しく対応すべき不当要求であるのか、それとも、受容すべき多様性なのかの判別ができないでしょうから、そういった意味で、ケースワーカーには生活保護法制度の十分な理解が求められるといえます。

事例10-② エスカレートする保護利用者による不当要求

　Aさんから星野CWへの不当要求はさらにエスカレートしてきた。

Aさん　「どうしてくれるんや、コラ」

星野CW「申し訳ありません、でも」

Aさん　「でも、ってなんじゃい？　今、謝ったやないか、謝っといて、でも、ってなんや。私が悪うございました、に続くんは、何でもしますから許してください、じゃろがい」

星野CW「ちょっと待ってください、どうしてそういう話になるんですか」

Aさん　「どうもこうもあるかい。ワレ、ワシの眼鏡壊しといて、言うに事欠いて、ワシに、眼鏡なしで生活せえ、言うんかい」

星野CW「だって、それは」

Aさん　「眼鏡なしでけっ躓いて、ワシが死んでも、ワレは、それで構へん、言うんやな」

星野CW「そんなことは言ってないじゃないですか。ただ、この間、眼鏡の費用はお出ししたばかりですし」

Aさん　「ワシみたいな生活保護受けとるもんは、死んでも構へんいうことか、そんなふうに思っとるってことやないか」

　このように1時間ほど押し問答が続き、星野CWが半ば押し切られる形で「眼鏡のことについては、上司と相談してみます」と答えると、Aさんも少し気が収まったのか、疲れてきたのか、それともスマートフォンの充電がなくなりかけたのか、唐突に電話が切られた。

　星野CWは、ホトホト困り果て、眼鏡の購入費の支給について、上司である上田係長に相談した。上田係長は、少し面倒くさそうに、

「星野君、Aさんみたいな人には四角四面で対応してもしょうがないよ」、「君もここに来て、もう長いんだから、それくらいはわからないと」、「今度は、もっとへりくだった断り方をして」と言い、結局、Aさんに対して眼鏡購入費相当額を保護費として支給することになった。

　その後も、Aさんは、保護係に連日電話をかけては、星野CWに対し、「生活費が足らんのじゃ。星野さん、いくらか貸してもらえんかのう？　ワシ、ほんとに困っとんのじゃ」、「買い物行きたいんじゃが、足がなくてのう。あんた、車あるやろ。ちょっと貸してもらいたいんじゃがのう？」などと要求をエスカレートさせていった。星野CWが断ると、Aさんは、怒鳴るような大声で、2時間、3時間と一方的に文句や不平不満を言い続けるのであった。

Q57 ● 不当要求（攻撃型）への対応⑤

　　　　　保護利用者の中には、要求を通すために、論理のすり替えや藁人形論法を多用する人もいます。どのように対応すればよいのでしょうか。

A57

　不当要求者（攻撃型）は、自らの要求がさも正当であるかのように装うため、道義的責任と法的責任を混同させる論理のすり替えや藁人形論法を頻繁に行います。これに対しては、法的要件・効果を吟味したうえで、冷静に対処することが求められます。

【対応例】

職　　　員「実は、この間、市役所にお越しいただいたときに、○
　　　　　　○さんの署名をいただいておかないといけなかったの
　　　　　　を、私のほうでうっかりしてまして、ですから、○○
　　　　　　さんのお宅におうかがいして、あらためて署名をいた
　　　　　　だければと思うのですが、ご都合はいかがでしょうか」

不当要求者「ワシも忙しいけんの、そんなん言われても知らんよ」

職　　　員「本当に申し訳ありません。それほどお時間はとらせま
　　　　　　せんので、調整していただけませんか」

不当要求者「それ、あんたのミスやろ。なんで、ワシがあんたのミ
　　　　　　スの尻拭いせなあかんねん」

職　　　員「ですが、書類に署名をいただかないと、手続を進める
　　　　　　ことができませんので」

不当要求者「そら、あんたのせいでできへんいうことやろ。それで、
　　　　　　ワシに何かせえ言うんは、筋がおかしかないか。ワシ
　　　　　　に何かせえ言うんなら、誠意みせるんが筋やないか。
　　　　　　ワシ、何か間違ったこと言ってるか？」

　⇒不当要求者は、具体的に要求すれば、要求を受けた側でも法的に要件・
　効果を吟味するであろうことを知っている。そのため、「誠意」のよ
　うな曖昧な言葉を好んで用いる。

職　　　員「誠意と言われても、だから、こうして頭を下げている
　　　　　　わけでして」

不当要求者「あんな、ごめんで済んだら警察要らんって、市役所じゃ
　　　　　　そんなことも教わらんのか。頭下げんのは、そりゃ、
　　　　　　当然やろ。そうやなくて、ワシは、誠意みせえ言うと
　　　　　　んのや」

職　　　員「誠意と言われましても、いったいどのようにすれば」

不当要求者「そんなもの、おどれで考えんかい」

⇒具体的に要求するのではなく、相手に「〜をします」と言わせることで、言質をとろうとする。

職　　　員「ですが、○○さんの方でご要望があるのでしたら、どのようなご要望なのか、具体的に言っていただかないと、私共としても検討しようがありませんので、その点はご理解ください」

⇒不当要求者に対し、その要求の内容を明確にさせる。こちらから逆提案しない。逆提案してしまえば、それが新たな攻撃材料となりかねない。言質をとった逆提案の内容＋αを必ず要求してくる。

不当要求者「あんたなぁ、さっき謝ったばかりやろが。検討しますって、何を検討する必要があるんや。私が悪うございました、申し訳ありません、そしたら、何でもしますってのが筋ちゃうんかい」

⇒謝罪をすることは、それだけでは何ら法的責任を発生させるものではない。道義的責任と法的責任を混同させようとしている。

職　　　員「私のミスは私のミスとして、ただ、○○さんのご要望については、法に則って、できることはできる、できないことはできない、そういった形でしか対応できませんので、ご理解ください」

⇒法に則って冷静に吟味することで、何が法的責任で何が道義的責任にとどまるのか、整理することが可能となる。

不当要求者「ご無体、ご無体って、さっきから何、眠たいこと言っとんのや。ええ加減にせえよ。あんたな、あんたのせいで手続が進まん、それで、もしものことがあったら、どうしてくれるんや。ワシ、病人やで。死んだら、責任とれるんか」

職　　　員「仮定の質問にはお答えしかねます」

> ⇒あの手この手で困惑を誘い自らの要求を押し通そうとする、不当要求者の常套手段である。相手にさらなる攻撃の材料を提供しないためにも、本筋から外れた議論はしない。

不当要求者「ワシが死んでも構わん、そう言うんやな」

職　　　員「そのようなことは言ってません」

> ⇒藁人形論法には冷静に対処する。黙っていると言ったことを肯定したと受け取られる危険がある一方で、説明や議論をして深入りすべきでもない。相手の土俵に乗ったら負けである。言っていないことを端的に「言っていない」と否定するにとどめる。

不当要求者「……」

職　　　員「○○さん、書類に署名をいただく件についてですが、ご検討いただけないでしょうか」

不当要求者「あんたがそういう態度なら、ワシは知らんけんの、勝手にしさらせ」

職　　　員「わかりました。では、そのような形で記録に残したうえで処理させていただきます。失礼します」

> ⇒不当要求に応じないことが原因で手続が進まないのだとしても、それが職務怠慢や違法行為と評価されることはないので、深追いはしない。ただし、後日の紛争に備え、ケース記録への記入を忘れない。

事例10-③ 保護利用者による不当要求への組織的な対応

　Ａさんからの電話攻勢はあいかわらずであった。星野CWは、Ａさんに対する恐怖からか、保護係の電話が鳴るだけで動悸がして、手が震えるようになっていた。連日２時間、３時間もＡさんと電話をしていても、同じフロアで業務を行う上田係長と柿田課長は見て見ぬ振りである。

　ある日、たまたま上田係長が保護係にかかってきた電話を受けた。電話の主はＡさんらしい。２、３のやりとりがあり、上田係長が「星野の対応が至らず、すみません」と謝罪した後、星野CWに電話が回された。電話に出ると、Ａさんは、「上司がな、あんたのことでわしに頭下げよったわ。上司に迷惑かけとるようじゃ、困ったもんじゃのう。『ワシのほうから、よう言い聞かせといたるさかい、気にしなさんな』言うたら、『よろしくお願いします』やて。あんたも、話のわかるええ上司もったもんやのう」と切り出し、いつものように、Ａさんが不当要求をする、星野CWが断る、Ａさんが気分を害して星野CWを怒鳴りつける、といったやりとりが２時間、３時間と続けられた。星野CWは、上田係長はあてにならない、むしろ、眼鏡の件といい、上田係長が絡むと状況は悪化するばかりだとの思いを強くしていった。

Q58● 不当要求（攻撃型）への組織的な対応①

　　　不当要求（攻撃型）に対し、組織的に対応する必要があるとのことですが、それはどうしてですか。また、具体的にどのように対応すればよいのでしょうか。

A 58

　警察等他の機関との連携が必要な場面では、担当職員限りで組織を通すことなく動くことはできません。また、問題が起きたときに内部で問題がなかったことにして自己処理しようとする体質の組織、不当要求を担当職員限りで穏便に対処することを高く評価する組織にあっては、担当職員は、ミスを隠滅し不当要求者（攻撃型）と裏取引をする強いインセンティブをもつことになります（その結果、不当要求者を増長させ、また、問題が外部に露顕したとき、大問題となります）。

　加えて、不当要求者と直接対峙する担当職員と組織の対応が一貫しない場合、不当要求者が組織の力を間接的に利用して担当職員に圧力をかけることができる状況を生み出すとともに、担当職員から不当要求を拒絶する気力を奪います。星野CWの対応に関し、上田係長がAさんに対して謝罪したことによって、Aさんは、星野CWの非を上司が認めたとして、星野CWへの攻撃をさらに強める格好のネタを手にしたわけです。これでは、星野CWも「やってられない」と言いたい気持ちになります。

　不当要求者（攻撃型）に対しては、組織として情報を共有し、一貫した対応をとることが求められます。

【対応例】

不当要求者「おい、お前んとこの職員の口の利き方、どないなっとんねん」

管 理 職 者「といいますと」

不当要求者「といいますと、やないねん。お前んとこの職員の口の利き方、どないかせぇ、言うとんねん。今すぐ、あのガキ連れて、謝罪に来んかい」

管 理 職 者「ちょっと待ってください。こちらとしても、事実関係がわからないのに、『どうします』ともお答えはいたしかねます。まず、うちの○○が具体的にどのような対応をしたのか、お聞かせいただけませんか」

⇒具体的な事実の把握を怠らない。具体的な事実を把握してはじめて、組織として採るべき対応が決まる。

⇒不当要求者は、事実を具体的に示してしまうと、要求を受けた側でも法的に要件・効果を吟味するであろうことを知っている。そのため、「口の利き方がなっていない」、「態度が悪い」等の抽象的な評価のみを示す傾向がある。

⇒勢いに押され、具体的な事実を把握しようとする姿勢を示すことを怠ると、不当要求者に「与し易し」との印象を与えてしまう。

不当要求者「どうしたもこうしたもあるかい。部下が部下なら上司も上司やないか。あんたじゃ話にならん。市長と話させぇ」

管 理 職 者「この件に関しては、私のほうですべて任されていますので、お話は私のほうで聞かせていただきます」

⇒各部署で対応が異なる、そうした事態を避けるためにも、窓口は一本化する。

不当要求者「なに、勝手に決めてくれとんねん。ワシが市長と話をさせぇ言うたら、話させたらええんや」

管理職者「市として、誰が○○さんのお話をうかがうかは、市が決

　　　めることです。私が担当を任されている以上、私以外の
　　　者が対応することはありませんし、それでも無理をおっ
　　　しゃるなら、こちらとしては警察と相談して対応させて
　　　いただくほかありませんので、その点はご理解ください」
　⇒組織として一貫した対応を採る姿勢を示す。ここで右往左往してし
　　まっては、不当要求者にペースを握られてしまう。
不当要求者「お前に話すことなんかない言うてるやろ」
管 理 職 者「そうですか。それでは、こちらとしても特にお話させ
　　　　　ていただくこともありませんので、今日のところはお
　　　　　引き取りください」
　⇒相手が具体的に話をすることを拒む以上、こちらとしても、それ以
　　上の対応は必要ない。深追いはしない。

Q59● 不当要求（攻撃型）への組織的な対応②

　　　　不当要求者（攻撃型）への対応に四苦八苦しているのですが、
上司は見て見ぬ振りを決め込んでいるようです。どのように対応すべき
でしょうか。

A59

　誰だって面倒ごとにかかわりたくはありません。ですから、不当要求
に悪戦苦闘する部下を見て見ぬ振りする上司がこの世界から消えてなく
なることは、残念ながらなさそうです。
　このような上司に対し、「言葉にしなくとも、察してください」との
対応は意味をもちません。まずは、しっかりと上司に事実関係を報告し、

「そんなことになっていたとは、忙しくて気づかなかった」と後になっ
て言い逃れする余地を塞ぐことです（言った言わないになることを避ける
ため、報告はメールですることをお勧めします）。それでも上司の態度が改
まらない場合、外部の弁護士に相談したうえで、弁護士を通じ、組織に
対し（具体的に組織の誰に連絡をするかは弁護士の判断によります）、上司
の不適切な態度を容認するのであれば、使用者としての安全配慮義務違
反（民法415条）の問題が生じることを説明するとともに、いざとなれば
法的対応も辞さない（現状を放置すれば、もっと面倒なことになるぞ、と
いう）姿勢を示すことも検討すべきでしょう。

事例10-④ 不当要求者との裏取引

　翌年４月、星野CWは、勤務時間中、極力席を外すことでAさんからの執拗な電話攻勢を可能な限り避けていたが、どうもAさんがそのことを察したようであった。このころから、Aさんは、星野CWに対して携帯電話番号を教えるようしきりに要求するようになった。

　ある日の午後、星野CWは、Aさんからの電話を受け、いつものごとく携帯電話番号を教えるよう要求された。そのやりとりが始まって３時間が経ち、もうすぐ午後５時になろうとしていた。その日は人事異動に伴う福祉課の歓送迎会が予定されており、いつになったら終わるんだろう、１人だけ遅れて行って場を白けさせたくはないな、と思いながら対応していたところ、そんな気持ちを見透かされたのか、この日のAさんは一向に手を緩める気配がなかった。星野CWは、とうとう根負けして、「わかりました。でも、携帯に電話をかけるのは、どうしてもというときだけにしてください」と言い、携帯電話番号を教えてしまった。

　以降、Aさんは、保護係に電話をし、星野CWが席を外していれば携帯電話に電話する、Aさんからの着信を無視すれば、そのことについて執拗に罵詈雑言を吐くなど、いよいよ星野CWの気持ちが休まることはなくなり、それに伴い、Aさんからの不当要求を断る気力をも失っていった。

　５月になると、星野CWは、Aさんに言われるがまま、自家用車のキーを渡し、Aさんはこれを我が物顔で乗り回すようになっていた。また、生活費が足りないと金銭を無心され、その都度５〜10万円を工面して渡し、その合計額は100万円にも及んだ。

＊

　同年６月１日、土曜日であるにもかかわらず、星野CWの携帯電話にＡさんからの着信があった。内妻であるＢさんに暴力を振るい死なせてしまった、死体の遺棄に協力しろ、今すぐにＡさん宅に来い、とのことだった。星野CWは、声を失うほど驚いたが、この時にはすでに正常な判断能力を失っていたのか、断る、誰かに相談するといった選択肢が頭にまったく浮かばなかった。Ａさん宅に着くと、Ａさんの同居人であるＢさんが倒れており、Ａさんは、特に取り乱す様子もなく煙草を吸っていた。Ａさんは、星野CWを一瞥した後、落ち着いた口調で、あらためてＢさんの死体の遺棄に協力するよう求め、「嫌とは言わんでくれよ。そんなん言われようもんなら、ワシはあんたも殺さんといかんくなるけんのう」と凄んだ。星野CWは、この命令に従わなければ殺されてしまうかもしれないと恐怖し、Ａさんに言われるまま、Ｂさんの死体をブルーシートで包んでガムテープを巻き付け、Ａさん宅から持ち出し、それを近隣の駐車場に遺棄した。

　その翌日、星野CWは、Ａさんと共に死体遺棄の嫌疑で逮捕された。

Q60 ● 不当要求者との裏取引

　　　不当要求があまりにも執拗な場合、もうこれに応じたほうが楽なんじゃないかと思うこともあります。不当要求に応じてしまうと、どのような問題が起きるのでしょうか。

A 60

　不当要求者（攻撃型）は、落ち度を上司に知られたくない、（落ち度が
ないとしても）不当要求の1つも処理できない無能な職員だとは評価さ
れたくない、あるいは、もっと単純に、早く仕事を終えたい、今日は早
く帰りたい、そういった担当者の心理を巧みについてきます。

　ここで、その場しのぎの裏取引をしてしまうと、不当要求者はますま
す増長するだけでなく、裏取引をしたこと自体がさらなる攻撃の材料と
なります。

　星野CWは、電話を早く終わらせたい、怒鳴られたくない、その一心
でAさんに求められるまま、自家用車を貸し出したり金銭を交付したの
かもしれません。ですが、星野CWは、Aさんが受け取った金銭を収入
認定するなどして適切に処理しなければならない立場にあります。金銭
を渡し、その場をしのぐことと引き換えに、経済的損失を負っただけで
はなく、職務怠慢というさらなる弱みを握られ、ますます深みに嵌まっ
ていったのかもしれません。

▶▶▷実際にあった裁判事例をみてみよう⑬

1　事案の概要

　Y市福祉事務所のケースワーカーであるS職員が、保護利用者である
Mさんと共謀して、Mさんの同居人であるVさん（当時43歳、女性）の
死体を遺棄した事案（京都地判令和2・3・26D1-Law）です。

　裁判所が認定した事実は、おおむね以下のとおりです。

①　S職員は、Mさんからの電話でVさんが死亡したことを聞かされ、
　　その後の電話で死体を遺棄することの協力を求められた。

②　S職員は、Mさんと共に、令和元年6月1日頃、京都府内のア

パートの103号室（Mさん宅）において、Vさんの死体に圧縮袋を被せてブルーシートで覆って、死体を隠した。

③　S職員は、Vさんの死体を運び込むために、前記アパートの203号室を賃借した。

④　S職員は、Mさん、Zさん（もう1人の共犯者）と共に、同月4日頃、Mさん宅で、Vさんの死体を防炎シートで包んでガムテープを巻き付けて大型冷凍庫に入れた。

⑤　S職員は、Mさん、Zさんと共に、同月5日頃、事情を知らない業者に依頼して、103号室（Mさん宅）から203号室（S職員名義で賃借した1室）に、Vさんの死体を運搬させた。

⑥　S職員は、Mさんと共に、同月11日、Vさんの死体を203号室から運び出し、前記アパートの駐車場に置いて、そのまま立ち去った。

2　結　論

　S職員は、自己の担当する保護利用者であるMさんから長期にわたって理不尽な要求等を受け続け、Mさんから恫喝されることも多々あり、また、周囲の協力も得られなかったことから孤立して疲弊した状況にあったところ、MさんからVさんの死体の遺棄に協力するよう求められ、これまでのMさんとの関係性や、暴力団との関係がうかがわれ、傷害致死等の前科もあるMさんへの恐怖心もあって、Mさんの要求に応じて犯行に加担するに至っており、裁判所は、S職員が犯行に加担した経緯や心情には相応に酌むべき点が認められるとして、懲役1年6月執行猶予3年の判決を言い渡しました。

3　弁護士のひと言

　前記判決を受け、S職員（市民サービス部地域福祉課主査）は令和2年4月8日付けで信用失墜・非行に対する責任を処分理由として懲戒免職処分に処せられ、また、同月23日付けで指導監督不適正を理由として、

44

市民サービス部部長は戒告、市民サービス部副部長は文書訓告、市民サービス部地域福祉課課長は減給（10%、2か月）、市民サービス部地域福祉課保護援助係長は減給（10%、2か月）の懲戒処分および懲戒処分に準ずる措置に処せられたとのことです。[45]

　S職員は、ケースワーカーでなければMさんのような人と深くかかわることもなく、また、刑事罰と懲戒処分を受けることもなかったはずです。ケースワーカーは、さまざまな困難、生きづらさを抱えた保護利用者の自立を手助けする貴い仕事ではありますが、だからこそ、（Mさんほどのケースは稀であっても）不当要求者とのかかわりを避けることは困難ともいえます。ケースワーカーのみなさんには、「無理はしない」、「1人で抱え込まない」、そのことを心掛けてもらいたいと思います。

44　向日市HP「職員の懲戒処分等の公表について（令和2年4月8日付け処分）」。
45　向日市HP「職員の懲戒処分等の公表について（令和2年4月23日付け処分）」。

第11章

不正受給への関与

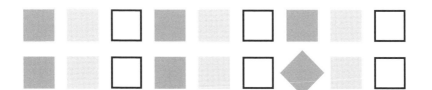

事例11 不正受給への関与

　生活保護利用者であるＦさん（60歳代、女性）は、ケースワーカーらに対して苦情を申し立てることが多かったため、Ｘ市福祉事務所では、Ｆさんを対応困難者として把握しており、ほとんどのケースワーカーがＦさんおよびその関係者とはできるだけかかわりたくないと考えていた。そんな中、千葉ＣＷ（30歳代、男性）だけは、他のケースワーカーらが嫌がるＦさんおよびその関係者の対応を自ら進んで引き受けていたため、Ｘ市福祉事務所のケースワーカーの間では、Ｆさんおよびその関係者の面談や各種調査を千葉ＣＷに丸投げし、それにもかかわらず、自らが面談や調査を行ったかのように記録に記載する形での職務怠慢行為が横行していた。

　Ｆさんの担当である新垣ＣＷ（30歳代、男性）もまた、常日頃から、Ｆさんおよびその関係者とはかかわりたくないと思っており、Ｆさんおよびその関係者との対応を引き受けてくれる千葉ＣＷに感謝をしていた。

＊

　６月24日、新垣ＣＷは、千葉ＣＷから、Ｆさんの弟Ｅさん（60歳代、男性）の交際相手であるＪさん（40歳代、女性）が保護利用を希望しているので、Ｆさん宅でＪさんと面談してあげてほしい、との依頼を受けた。新垣ＣＷが、そんなこと頼まれても困る、と思い黙っていたところ、千葉ＣＷは、それを依頼の承諾と受け取ったらしく、「よし、行くか」と言って、新垣ＣＷに着いてくるよう手招きした。結局、新垣ＣＷが不承不承ながら千葉ＣＷと共にＦさん宅に赴くと、そこには、Ｆさん、Ｅさん、Ｊさんの３人がいた。

　Ｊさんは、千葉ＣＷの顔を見るなり、「私、介護の仕事をしている

し、給料があるんですけど、生活保護がもらえるんですか？」と尋ね、それに対して千葉CWは「大丈夫です。バレないから。何も心配しないで。あなたたちは何もしなくていいから。お金をもらうだけ」と回答し、Ｆさんもまた「大丈夫、心配しなくていいよ。私たちがちゃんとやるから」と言った。新垣CWは、当初こそ事情をよく理解できないでいたが、その後、千葉CWとＦさんが立て続けに、Ｊさんに対し、「Ｙ市に住んだままでいいけど、Ｘ市で生活保護を受けるんだから、紙の上だけは住所変更しないとね」、「ストーカーに遭ったような感じで申告すれば、審査がよく通るよ」、「うつ病の診断がもらえれば、なおさら申請が通りやすくなる」などと指示するのを聞いて、詳細まではわからないものの、千葉CW、ＦさんやＪさんらが生活保護の不正受給を企てていることに気づいた。気づいたが、Ｆさんへの苦手意識や千葉CWへの遠慮もあってか、その場で「不正じゃないですか！」と声を上げるのも憚られ、黙って成り行きを見守ることにした。

　しばらくして、新垣CWは、千葉CWから面接記録票記載の各項目について聴取を行うよう促された。やっぱり俺も巻き込まれるのか、と舌打ちしたくなったが、Ｆさんや千葉CWと揉めるのは面倒だと思い、Ｊさんから氏名、生年月日や家族構成等を聴き取った。聴取を終えると、千葉CWが「俺はＦさんと少し話してから帰るから、申請のほう、よろしくね」と言うので、新垣CWは、千葉CWを残して１人、Ｘ市福祉事務所に帰庁した。

　帰庁後、新垣CWは、面倒くさいことに巻き込まれちゃったな、でも、いまさら、「不正じゃないですか！」とも言いにくいし、言ったら言ったで、それも面倒なんだよな、別に千葉さんから細かく指示を受けたわけじゃないし、もし不正がバレても、「何も知らなかったんです、僕だって騙されたんです」とでも言えば火の粉は払える

か、などと試行錯誤した末、Jさんについて、X市内のアパートで単身生活し、傷病により就労できず収入もない旨記載した生活保護申請書、収入状況申告書、資産申告書等の保護申請書類の受付手続を行った。

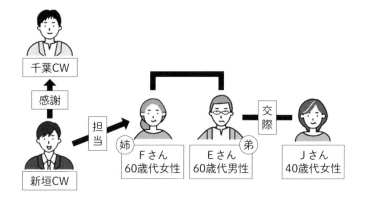

新垣CWは、時間が経つにつれ少しずつ冷静になり、このままじゃマズいことにならないか、と不安を感じるようになったが、千葉CWからは何も言ってこないので、「やっぱり、不正なんてやめましょう」と言い出すきっかけを掴むこともできないでいた。当然、Jさん宅の訪問調査などすることもなかった。

7月1日、新垣CWは、事情を知らない係長からJさんの調査結果を早くまとめるよう指示されたので、ようやく覚悟を決めた。すでに受け付けた保護申請書類記載のとおりJさんが保護を要する状態にあると認める内容の調査結果をまとめ、X市福祉事務所長に対し、保護申請書類とともに、虚偽の内容を記載した保護台帳、保護開始記録、保護開始決定調書等を提出した。そして、同日、Jさんの保護を開始する決定がされた。

その後、新垣CWは、Jさんについて、すべて千葉CWに任せたきりにして、12月に入りJさんから保護の辞退届が提出されるまで、

きれいさっぱり忘れてしまっていた。結局、Ｊさんの保護は12月24日付けで廃止されたが、Ｊさんにはすでに保護費合計112万円が支給されていた。

　翌年３月、Ｆさんが覚せい剤の自己使用で逮捕されたことをきっかけに、Ｊさんらの生活保護不正受給（詐欺）についても警察が捜査を開始した。新垣CWも、警察から事情聴取を受けるなどし、気が気でない日々を過ごしていたが、さらに翌年２月になり、遂に、千葉CWやＦさん、Ｊさんらによる詐欺の共犯の嫌疑で逮捕されてしまった。

Q61 ● 不正受給に関与した者の刑事責任①

　　　　　　　福祉事務所のケースワーカーが福祉事務所長に虚偽の内容の報告をするなどして生活保護の不正受給に関与した場合、どのような刑事上の責任を負うのでしょうか。

A61

　まず、検討されるのは詐欺罪（刑法246条[46]）です。

　詐欺罪とは、①相手が財産を交付したり利益を与えたくなるように、嘘をついたり大袈裟なことを言ったり、報告を求められたにもかかわら

---

[46]　刑法246条は１項で「人を欺いて財物を交付させた者は、10年以下の懲役に処する」、２項で「前項の方法により、財産上不法の利益を得、又は他人にこれを得させた者も、同項と同様とする」と規定しています。

ず報告しなければならない重要な事実を報告しないことによって騙し、②相手を勘違いさせ、③その勘違いによって財産を交付させたり利益を与えさせたりして、④現実に財産を受け取ったり利益を得た場合に成立する犯罪です。

　ですから、ケースワーカーが、①決裁権者である福祉事務所長に対し、当該保護申請者について保護を支給しなければならないと考えるように、嘘の内容の報告をして、②当該保護申請者が要保護状態にあると福祉事務所長を勘違いさせ、③その勘違いによって福祉事務所長に保護開始決定をさせて、④当該保護申請者が現実に保護費の支給を受けた場合、詐欺罪が成立することになります。

　なお、詐欺罪は、故意犯（わざとする）のみが規定され、過失犯（うっかりしてしまう）規定はありませんから、一連の①〜④の行為をすべて認識したうえで行った場合に限り、詐欺罪として刑事罰の対象となります。一応は返すつもりで、「必ず返すから」と約束をしてお金を借りて、結局、返済できなくなってしまったという場合、騙すつもりはなかった、つまり、故意がありませんので、詐欺罪は成立しません（当然ながら、債務不履行責任など民事上のペナルティーは課されます）。

Q62 ● 不正受給に関与した者の刑事責任②

　　　　詐欺罪とは別に、生活保護法85条の規定がありますが、これはどのような場合に適用されるのでしょうか。

A62

　不正受給行為が詐欺罪（刑法246条）と生活保護法85条１項の罪のいず[47]

れの構成要件にも該当しうる場合、詐欺罪が優先して適用されます（同項ただし書）。また、両罪で法定刑が異なるため、詐欺罪が適用されたほうが重い罪に問われることになります。

　そして、詐欺罪は「欺いて」、つまり、嘘をついたり大袈裟なことを言ったり、報告を求められたにもかかわらず報告しなければならない重要な事実を報告しないことによって騙した場合に成立するものです。

　他方で、たとえば、ケースワーカーが、保護申請時には要保護状態にあった保護利用者について、後に収入が得られるようになったのを知りながら、福祉事務所長から報告を求められなかったので、収入について報告をすることなく、当該保護利用者に不正に保護費を支給させた場合、報告を求められたのに報告すべき事項を報告しなかった場合と異なり、当該ケースワーカーの行為をして福祉事務所長を「欺い」たと評価することは困難です。ですが、保護利用者の収入を把握したのであれば、報告を求められなくても報告はすべきであって、あえて報告をしないでいたことは「不実な手段」にはあたります。そのような「不実な手段」を用いて不正受給をさせた場合、詐欺罪は成立しないけれども、生活保護法85条の罪が成立することになります。

Q63 ● 不正受給に関与した者の刑事責任③

　　　　　新垣CWは、詐欺の共犯者として逮捕されていますが、Ｊさんに保護費の不正受給をさせることについて、千葉CWと具体的に協議

47　生活保護法85条１項は「不実の申請その他不正な手段により保護を受け、又は他人をして受けさせた者は、３年以下の懲役又は100万円以下の罰金に処する。ただし、刑法……に正条があるときは、刑法による」と規定しています。

をしたりはしていないようです。それでも、共犯者という扱いになってしまうのでしょうか。

A 63

　「共同して犯罪を実行」（刑法60条）[48]するためには、まず、犯罪の「共謀」をする必要があります。そうすると、新垣CWは、Ｊさんに保護費を不正受給させることについて、千葉CWやＦさんらと具体的な協議をしたわけではありませんから、犯罪の「共謀」をしたとは認められないのではないか、そう思われる人もいるかもしれません。

　確かに、日本語の理解としては、それも間違いではないと思います。ですが、この「共謀」は専門用語であり、日常で使用される日本語とは区別して理解する必要があります。

　そして、犯罪の「共謀」には、言葉や書面によって明確にその意思が示される場合だけでなく、目と目で通じ合う、とか、阿吽の呼吸、暗黙の了解、といった黙示的な共謀も含まれると考えられています（最一小決平成15・5・1刑集57巻5号507頁）。

　新垣CWは、千葉CWらが保護費の不正受給を企てていることを認識しながらも、それを受け入れ、不正に保護申請手続を進めており、また、千葉CWらも、そのことを前提にＪさんに不正に保護費を受給させるための算段を立てていたわけですから、やはり、新垣CW・千葉CWらの間には保護費不正受給に向けた黙示的な「共謀」があったものと認められることになります。

48　刑法60条は「2人以上共同して犯罪を実行した者は、すべて正犯とする」と規定しています。

　したがって、新垣CWについて、千葉CWと具体的に協議をしていないことを理由に「共謀」がない、共犯者にあたらないということはできません。

Q64 ● 不正受給に関与した者の刑事責任④

　　　　新垣CWは、Ｊさんについて、生活保護の受給資格がないことを知りながら、あたかも受給資格があるかのような内容の書類を作成してＸ市福祉事務所長に提出し、Ｘ市福祉事務所長を騙して、生活保護費を支給させていますが、新垣CW自身は支給させた保護費を１円も受け取っていません。それでも、詐欺罪の共犯者として刑事責任を問われるのでしょうか。

A64

　「２人以上共同して犯罪を実行した者」（刑法60条）は、犯罪行為の一部しか担当していなくても、犯罪全部について正犯として処罰されます。つまり、不正に支給された保護費112万円を他の共犯者がすべて受け取り、新垣CWは受取りにはまったく関与していない、したがって１円も利益を得ていなくとも、その総額112万円を被害額とする詐欺罪の刑事責任を問われることになります。

　なお、詐欺罪の量刑の相場として、一般に、弁償未了の被害額が100万円を超えると、前科がなくとも執行猶予なしの実刑（いわゆる一発実刑）が現実味を帯びてくるものと考えられています。その意味でも、新垣CWの責任は非常に重いということができます。

Q65 ● 不正受給に関与した者の民事責任

　　新垣CWは、Ｊさんが不正に受給した保護費112万円について、損害を被ったＸ市に対し、どのような民事上の責任を負うのでしょうか。

A65

　新垣CWは、千葉CWらと共同して詐欺を働き、Ｘ市に対し、支給する必要のない生活保護費112万円を支給させることによって損害を与えています。したがって、Ｘ市に対し、千葉CWらと連帯して112万円の損害を賠償する民事上の責任を負います（共同不法行為責任。民法719条1項）。具体的には、Ｘ市は、新垣CWと千葉CW、Ｆさん、Ｊさんいずれに対しても112万円全額を請求することができ（いずれの加害者にも、自身の責任割合に応じた金額しか支払わないとの抗弁は認められません）、いずれかがＸ市に支払いをすると、その支払った金額限りで賠償する義務が消滅します。新垣CWは、千葉CWの主導の下、従属的に犯行に関与したにすぎず、また、不正受給によって1円も利益を得ていませんので、損害額全額を賠償させられるのでは不公平だと思うかもしれませんが、そのような不公平は、新垣CWがＸ市に対して弁償した後、千葉CWらに対し、各人の責任割合に応じた負担を求めること（求償）で解消されるべきとされています（加害者間の公平よりも被害者の救済が優先されます）。

49　民法719条1項は「数人が共同の不法行為によって他人に損害を加えたときは、各自が連帯してその損害を賠償する責任を負う。共同行為者のうちいずれの者がその損害を加えたかを知ることができないときも、同様とする」と規定しています。

▶▶▷実際にあった裁判事例をみてみよう⑭

1 事案の概要

　Y市福祉事務所のS職員が、I職員らと共謀して、7か月にわたり、虚偽の報告をして決裁者である上司らを騙し、生活保護の受給資格のないMさんに対して総額112万円余りを不正受給させた事案（福岡高判平成27・3・25TKC〔第一審：福岡地小倉支判平成26・11・10D1-Law〕）です。[50]

2 結　論

　第一審裁判所は、各犯行は他の共犯者らが主導して行ったもので、S職員は従属的に関与したにとどまること、S職員は各犯行により直接的な利益を得たとも認められないことなどを考慮し、S職員に対し、懲役2年執行猶予4年の判決を言い渡し、控訴審裁判所もその結論を維持しました。

3 弁護士のひと言

　S職員は、I職員らとは異なり、保護費の不正受給について、事前に協議をしたことはなく、積極的に関与したわけではありません。I職員とMさんらの一連のやりとりを聞き、Mさんに不正受給させるつもりなのだと気づきながらも、I職員に言われるがまま申請書類等を作成してX市福祉事務所長に提出したにすぎません。具体的な利益も得ていません。ですから、ひょっとしたら、職務怠慢、犯罪に関与しているといった認識はあまりなく、むしろ、職場の同僚であるI職員との関係性を円満に保つための処世術、程度の認識でいたのかもしれません。

　ですが、1人のケースワーカーが標準80件の件数を担当している現状を鑑みたとき、決裁権者である福祉事務所長は、基本的には、ケース

50　I職員の刑事責任については後掲福岡地小倉支判平成25・12・26参照。

ワーカーの報告が事実に基づくものであると信頼し、対応せざるを得ません。裏を返すと、ケースワーカーには大きな権限が与えられているといえ、その一方で、その権限を悪用し信頼を裏切ったときのペナルティーもまた（地方公務員という安定した職を棒に振ってしまうほど）重いものになります。Ｓ職員は、そのことを自覚しておく必要があったと思います。

▶▶▷ 実際にあった裁判事例をみてみよう⑮

1　事案の概要

　Ｙ市福祉事務所のＩ職員が、ケースワーカーの権限や知識を悪用して、共犯者ら（Ｓ職員を含む）と共謀して、2年9か月にわたり、虚偽の報告をして決裁者である上司らを騙し、生活保護の受給資格がないＨさん、Ｑさん、Ｍさんを含む計5人に対して総額1169万円余りを不正に受給させたことに加え、自宅で覚せい剤を自分の身体に注射して使用した事案（福岡地小倉支判平成25・12・26TKC）[51]です。

2　結　論

　裁判所は、Ｉ職員が、受給者らに対して各犯行をもちかけ、受給者らに指示して受給資格を整えるための工作を施すなど各犯行を主導する立場であり、また、ＱさんおよびＭさんに生活保護を不正に受給させる段取りをするのと引き換えに、Ｈさんから250万円を借り入れていた事実を認定したほか、Ｉ職員が得た利益を確定するに足りる証拠はないものの、共犯者らが不正に受給した保護費から相応の現金の支払いを受けていたとの事情がうかがわれる旨判示しています。

　そのうえで、詐欺について、Ｉ職員が親族の援助を受けて200万円を

51　Ｓ職員の刑事責任については前掲福岡高判平成27・3・25参照。

被害弁償したほか、他の共犯者も一部弁償していることなどを考慮し、S職員に対し、懲役5年（未決勾留日数210日算入）の判決を言い渡しました。

3　弁護士のひと言

　そもそも、Y市福祉事務所の職員の間で、Hさんらの面談や各種調査をⅠ職員に丸投げし、それにもかかわらず、自らが面談や調査を行ったかのように記録に記載する形での職務怠慢行為が横行していなければ、Ⅰ職員が不正受給の工作を施すことは極めて困難であったはずです。

　皆さんの職場に、「それ、代わりにやっといてあげるよ」、「君がやったように報告しておけば、SVだってうるさいこと言わないよ」、「仲間なんだから、これぐらいの親切は当たり前さ、気にしないで」などと声をかけてくる同僚がいるならば、それは単なる親切ではないと疑う必要があるかもしれません。

第12章

SNS投稿と業務妨害

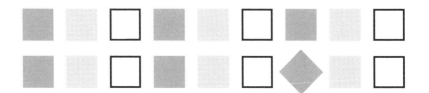

事例12-① SNS投稿による業務妨害

　Ｘ市役所に勤務する野田係長（40歳代、男性）は、交際相手であるＡさんが最近かまってくれないのを寂しく感じていた。メールの返信もそっけないし、かといって、直接会ったところで、いまいち話題に事欠く。

　11月３日、野田係長は、仕事を終えて帰宅し、１人でぼんやりとテレビドラマを観ていたところ、劇中では、主演俳優の勤務先に何者かからの襲撃予告が届き、ヒロインが主演俳優の身を案じてあれこれ世話を焼いていた。野田係長は、「なんか、いいな〜」とつぶやいて、ハッとした。市役所に襲撃予告が届いたら、Ａもこんなふうに俺のことを心配してくれるんじゃね？

　翌４日、一晩寝て少し冷静になった野田係長は、襲撃予告、手紙で出したら、さすがに本気にされかねんよな、足もつくだろうし、やっぱ、やるならネットかな〜、いや、ネットでやってもシャレじゃ済まんかもしれん、念のためググッてみるか、などと考え、インターネットで「ネット、投稿、市役所、襲撃予告、逮捕」といったワード検索をしたものの、特に刑事事件化した事例は見当たらなかった。結局、襲撃予告をSNS上に投稿する行為が犯罪にあたるのかどうかはよくわからなかったが、まあ、大丈夫か、と軽い気持ちで、野田係長とＡさんが参加している公開設定のFacebookグループ上に、偽名で作成したアカウントを利用して、Ｘ市役所への襲撃予告を投稿することにした。

＊

　同月11日、野田係長は、Facebookグループ上に、次の内容の投稿をした。

①　日時：11月11日午前8時1分

　　内容：「ほう！　X市のお役所勤めか　タノシミダ」

②　日時：11月11日午前8時4分

　　内容：「あとは実行するだけ。カウントダウン開始」

　その日の夕方、野田係長がAさんに電話したところ、Aさんは「なんか、Facebookに変な投稿あったね」と言うだけで、それ以上の関心をもっていない様子であった。野田係長は、ちょっと表現が遠回しすぎたかな、と反省した。

＊

　同月13日、野田係長は、Facebookグループ上に、次の内容の投稿をした。

③　日時：11月13日午前8時52分

　　内容：「今日も朝からX市へ偵察だ。まずは市役所へ。

　　　　　今月中に作戦を敢行。準備が整ってます！」

　その日の夕方、珍しくAさんの方から野田係長に電話があった。投稿の内容が少し気になったらしい。Aさんが「なんか、野田っちの勤務先に変な人が偵察行ったとか書き込んでたけど、大丈夫？」と不安げに話すのを聞いて、野田係長は、ようやく楽しい気分になってきた。よし、もう一押しだ！

＊

　翌14日、野田係長は、Facebookグループ上に、次の内容の投稿をした。少し気が大きくなっていたのか、ナイフの写真を添付して、より襲撃予告であることを匂わせる内容になった。

④　日時：11月14日午後10時20分

　　内容：「我が国日本ではこういう所持もダメだよー　ダガー

　　　　　ナイフやサバイバルナイフって使用方法が曖昧！

　　　　　さーてカウントダウン　本番見据えてX市の市役

　　　　　　　　　所行って予行練習」

　　　添付画像：ナイフの写真

　翌15日の朝、投稿を見たらしいＡさんが電話をかけてきた。「本当に大丈夫？　おかしな人っているから、気をつけてね。危ないって思ったら、ちゃんと逃げないとダメだよ」と子どもに言い聞かせるような口調で心配してくれている。野田係長は、「大丈夫、大丈夫、わかってるって」と返事をしながら、有頂天になりつつあることを自覚した。

　　　　　　　　　　　　　　＊

　同月16日、野田係長は、Facebookグループ上に、次の内容の投稿をした。

　　⑤　日時：11月16日午後２時30分

　　　　内容：「とーちゃーく」

　　　　添付画像：Ｘ市役所庁舎正面玄関の写真

　すると、その日の午後９時ころ、野田係長は、Ｘ市役所危機管理課長からの緊急メールを着信した。どうやら、一連の投稿を見た市民からＸ市役所に通報があり、それを受けて、明日の朝、Ｘ市役所では緊急配備体制を敷くことになったらしい。なんか大事になってないか、と急に我に返り、胃のあたりから少しずつ不安が込み上げてくるのを感じたが、大丈夫、明日、何事もなければ、市役所だって冗談だと思うはずだ、と自分に言い聞かせてから眠りに就いた。

　　　　　　　　　　　　　　＊

　翌17日、Ｘ市役所は、職員登庁時から職員出入口を正面玄関１か所のみとしたうえで、午前７時30分から午前８時30分までの間、正面玄関前に危機管理課職員を配置、警戒させるなどの対応を行った。

Q66 ● 威力業務妨害罪①

　野田係長の投稿に限らず、たとえば執拗に不当要求を繰り返す保護利用者など、暴力を振るわれなくても、業務が妨害されていると感じることがあります。暴力を振るわれた場合、その暴力自体が犯罪になることはわかるのですが、そうでない場合、どのような業務妨害が犯罪になるのでしょうか。

A66

　「威力」を用いて人の業務を妨害すると、威力業務妨害罪（刑法234条[52]）が成立します。

　そして、「威力」とは、犯人の威勢、人数および四囲の情勢よりみて、被害者の自由意思を制圧するに足る犯人側の勢力を指し、これは客観的にみて被害者の自由意思を制圧するに足るものであればよく、現実に被害者が自由意思を制圧されたことを要しない、とされています（最二小判昭和28・1・30刑集7巻1号128頁）。もう少し噛み砕いていうと、常識で考えたときに、普通の人であれば、そんなことをされたら、自由に意思決定できないな、自由に行動できないよな、そういった力や勢いを感じさせる行為のことです。暴力に限定されませんし、「普通の人」が判断の基準となりますので、仮に被害者が浅香山親方（元・魁皇関）で、「そんなことされても屁でもなかった」と感じていたとしても、威力業務妨害罪は成立します。

52　刑法234条は「威力を用いて人の業務を妨害した者も、前条の例（3年以下の懲役又は50万円以下の罰金）による」と規定している。

　実際の刑事裁判で「威力」と認められた例としては、

①　封筒に「出て行け」などと記載した文書とともに人糞を入れて外国公館に郵送した行為（広島高判令和2・2・18裁判所HP）

②　市役所の公式ウェブサイト内に設けられた「市長ホットライン」投稿フォームに「貴様の如き完全朝鮮陰毛野郎は一族総員チョンコロに失せろ」、「ガソリン携行缶持つて貴様のところに明日行く」などの文章を入力して送信した行為（名古屋地判令和元・12・5D1-Law）

③　国会議事堂参議院本会議場において、本会議開会中の2階議員席に向けて、3階の公衆傍聴席からスニーカー1足を片方ずつ投げ入れた行為（東京地判平成27・2・24D1-Law）

④　法律事務所を解雇された従業員が、その支持者らと共に、元の雇主である弁護士に対し、職場への復帰を求める団体交渉であるとして、その周囲を取り囲み、ベルト等をつかんで前進を阻むなどして法廷への出頭を妨害した行為（東京高判平成6・8・5判時1519号149頁）

⑤　猫の死骸を被害者の机の引き出しに入れておき、被害者にこれを発見させた行為（最二小決平成4・11・27刑集46巻8号623頁）

などがあげられます。

　野田係長のした一連の投稿は、常識で考えたとき、普通の人がこれを見れば、ナイフを持ってX市役所に襲撃する予告であると読み取ることができ、かつ、通常の業務を超えて何らかの対応を余儀なくされるものですから、「威力」を用いた業務妨害にあたると考えます。

Q67● 威力業務妨害罪②

　　　　　野田係長のした一連の投稿が「威力」を用いた業務妨害であることはわかりました。ですが、野田係長には、ことさらX市役所の業務を妨害する意思まではなかったようです。このような場合も、威力業務妨害罪として刑事罰を受けることになるのでしょうか。

A67

　威力業務妨害は、故意犯のみが犯罪として処罰され、過失犯は犯罪ではありません。

　故意犯とは、犯罪を犯す意思、つまり、犯罪となる事実を認識しながら、犯罪を犯した場合（例：殺人罪、傷害罪、窃盗罪、名誉毀損罪）をいい、過失犯とは、犯罪を犯す意思はなかったのに、結果として犯罪を犯してしまった場合（例：過失致死罪、過失致傷罪）をいいます。

　そうであれば、「襲撃予告をSNS上に投稿する行為が犯罪にあたるのかはよくわからな」いまま一連の投稿を行った野田係長には、犯罪を犯す意思はなかった、過失犯だから威力業務妨害罪は成立しない、と思われる人もいるかもしれません。筆者も、日本語の理解としては、それも間違いではないと思います。ですが、ここでいう「故意」、「過失」、「犯罪を犯す意思」、「認識」は法律用語であって、日常で使用される日本語とは切り離して理解する必要があります（「法律用語」を日常で使用される日本語の文脈で理解し、珍説を開陳する当事者に法廷で遭遇することがありますが、このような対応は本当にお勧めしません。本来、勝つべき案件で敗訴の危機を招き、敗訴濃厚な案件ではダメージを致命的なものにしかねないからです）。

　法律用語としての「犯罪を犯す意思」には、犯罪の実現を確定的に認識し、そうなっても構わないと受け入れている心理状態（SNS上にこんな内容の投稿をしたら、市役所で非常態勢を敷くなど、その業務を妨害する結果になるに違いないが、それで構わない）だけでなく、犯罪の実現の可能性を認識しつつ、そうなっても構わないと受け入れている心理状態（SNS上にこんな内容の投稿をしたら、ひょっとしたら市役所で非常態勢を敷くなどして、その業務を妨害する結果になるかもしれないけども、まあ、いいか）も含まれます。前者を「確定的故意」、後者を「未必の故意」といいます。

　本ケースでは、野田係長に業務妨害の確定的故意がなかったとしても、いったんは「襲撃予告をSNS上に投稿する行為が犯罪にあたるのか」疑問に思ったわけですから、少なくとも「未必の故意」が認められます。

　なお、「確定的故意」も「未必の故意」も人の内心の問題ですから、「X市役所の業務を妨害するつもりはまったくなかった。そんなことになるなんて夢にも思わなかった」と最後まで言い通せば、「故意」なんて証明できないのではないかと考える人がいるかもしれません。ですが、「故意」の有無は、本人がどれほど強く主張するかではなく、客観的事実に基づき判断されます（嘘も100回言えば真実になる、わけではありません）。野田係長の経歴（市役所職員、しかも係長職であり、市役所業務を熟知しているはず）だけでも「未必の故意」を推認するに足りると思われますが、それに加え、同種事案の存在（例：犯行の直近に、SNS上での襲撃予告を理由に、役所や企業が非常態勢を敷いたことが大きく報道された）、野田係長の犯行前後の言動（例：犯行前日、友人に「明日は職場がパニックになってるかもしれない」といった内容のメールを送信していた）などの事情があれば、「未必の故意」を否定することは極めて困難となるでしょう。

226

事例12-② 逮捕されたときの対応

　11月19日夜、野田係長が自宅でテレビドラマを観ていたところ、突然、2名の警察官がやって来た。警察官から「Facebook上に、X市役所を襲撃してやる、みたいな投稿をした覚えはありますか？」と聞かれ、気が動転したこともあってか、「覚えてません」と答えてしまった。警察官は、「とりあえず、署で話を聴くから」と言い、野田係長にパトカーに乗るよう促した。有無を言わせぬ雰囲気に、野田係長はただ従うしかなかった。

　野田係長は、警察署に着くや否や、取調室に連れて行かれた。頭がボ〜として、足が地に着かない。ここ数日のことが全部夢か何かのような気までしてきた。取調室では、自宅に来た2名の警察官から、Facebook上の投稿を写した写真を何枚か見せられ、このような投稿をした覚えはないか再三聞かれたが、何が現実なのか、「これは全部夢じゃないのか、そうだ、夢だ、夢であれ、夢に違いない」と心の中でつぶやくうちに、なんだか本当に記憶に何も残っていないような気がしてきて、その都度、「覚えてません」と回答した。そうして時間が経つにつれ、警察官の機嫌があからさまに悪くなっていった。言葉遣いがどんどん荒くなる。どのくらい時間が経ったのか、もう1人別の警察官が取調室に入ってきて、野田係長にA4のペーパーを見せ、何やらぶつぶつと言った後、野田係長の手に手錠をかけた。

　野田係長は、X市役所職員の正常な業務の遂行に支障を生じさせたとして、威力業務妨害の嫌疑で逮捕されたのである。

Q68 ● 逮捕されたときの対応

　市役所の職員が逮捕されてしまった場合、まず、どのように対応すべきでしょうか。

A68

　すぐに弁護士を呼ぶことです。もしも知り合いに弁護士がいなければ、警察官、検察官、裁判官だれでも構いませんので、「当番弁護士を呼んでほしい」と告げてください。「当番弁護士」とは、弁護士会が行っている事業で、1回限り無料で弁護士が派遣される制度です。刑事手続の説明、防御手段等に関するアドバイスを受けることができるほか、弁護の依頼をすることもできます。

　自らの供述がその後の刑事手続にどのように影響し影響しないのかを予見できない状況で、それを形に残すのは非常に危険です。弁護士のアドバイスを受けるまでは、警察官、検察官、裁判官の誰にも事件について話をすべきではありませんし（黙秘権は憲法で保障された権利です）、間違っても書類（弁明書や供述調書）に署名をしてはいけません。

　加えて、以下で示す事例に限らず、警察官は、警察官の想定するストーリーに沿った内容での自白が得られるとその後の捜査がスムーズに進むためか、取調べにおいて、「（罪を）認めるまで、（取調べは）終わらないぞ」、「早く認めないと、刑が重くなるぞ」、「弁護士は金のことしか考えてないからな。弁護士なんかの言うこと聞いてたら、酷いことになるぞ」などと言って、事実と異なる内容での自白を強要することがあります。同じ地方公務員同士、無茶なことはしないだろう、などと甘くみることなく、そういうこともありうるのだとあらかじめ心得ておくと、

いざというときに落ち着いて対応できると思います。

【警察官による自白の強要（その1）】

　高井戸署が当時男子中学生だった2人に以下のような自白の強要を行ったとされています。[53]

> 　万引き事件を起こした別のクラスメイトが、男子生徒2人にそそのかされて起こした旨供述しことから、2015年（平成27年）12月19日、2人は高井戸署への出頭を求められた。男子生徒たちは、立会人もなく、黙秘権も告知されないまま、取調べを受けた。取り調べた警察官は、「発言次第じゃお前の首をとるぞ。てめえ高校なんか行かせねぇぞ、コラ！」、「とことんやってやんぞおめぇ」、「ばっくれてんじゃねえんだ、お前。ちゃんと話せよ。時間の無駄だ、お前」、「反省も何もないんだ。だったら鑑別でも少年院でもどこでもぶちこむしかないのかなって俺は今考えている」などと高圧的に罵倒、2時間にわたり自白を迫り、男子生徒が「言ったかもしれません」と最終的に関与を認めると、「お前が高校行こうが行くまいが知らねえよ、んなの。お前は赤の他人だから。お前が乞食になったってかまわねえ」などと発言し、反省文を作成させた。
>
> 　自宅を訪れた警察官の態度が高圧的だったことに不安を感じた男子生徒の母親が男子生徒にICレコーダーを持たせていたため、自白の強要が克明に記録されていた。
>
> 　後日、男子生徒たちが万引きに関与していなかったことが明

53　『警察官「少年院にぶちこむ」取り調べで中学生を脅す／東京弁護士会が高井戸署に警告』（弁護士ドットコム2017年8月10日12時22分）、『警察の強圧的事情聴取、生徒の父が音声公開「レコーダーがなければ泣き寝入りだった」』（弁護士ドットコム2017年8月10日17時02分））参照。

らかとなり、また、こうした証拠を突き付けられた高井戸署は、違法な取調べがあったことは明らかとして、男子生徒たちに謝罪した。

相手が中学生であっても容赦なし、しかも、当の男子生徒は、実際には万引きに関与していなかったのに「関与した」と自白するに至った、とのことです。権力をもつ人間が自分が正しいと思い込んでしまったとき、その言動がいかに恐ろしい結果を生じさせるか、そのことが如実にわかる事例ではないでしょうか。

【警察官による自白の強要（その２）】

愛媛県警が当時女子大生に以下のような自白の強要を行ったとされています。[54]

　1月9日、松山市で乗っていたタクシーの車内から現金約5万4000円とセカンドバッグなど5点（時価計約2万2000円相当）を盗んだとして、7月8日に窃盗の疑いで女子大生を逮捕したものの、女子大生は2日後に釈放され、再捜査で別の若い女性が容疑者として浮上した。県警は、ドライブレコーダーの映像に写った犯人と顔が似ていたため、逮捕してしまったとしたが、ドライブレコーダーには、映像のほかに真犯人の女を愛称で呼ぶ同乗者の声も録音されていたものの、捜査官がこれを聞き間違え、さらに、真犯人の所持品と女子大生の所持品も異なり矛盾していたなど、捜査過程がずさんであったことも後に明らか

54　『誤認逮捕「本当に悔しい」／愛媛の女子大生手記公表』（日本経済新聞2019年8月1日10時56分）、「女子大学生誤認逮捕自白の強要は―」（ニュースの深層　南海放送解説室）参照。

となった。

　取調べにおいて、女子大生は一貫して容疑を否認したものの、警察官からは「犯人なら目の前にいるけど」、「いつ自分がやったというか待ってるんだけど」、「二重人格？」、「就職も決まっているなら大事にしたくないよね？」、「罪と向き合え」、「認めないと終わらないよ」などと言われ、大声を上げるなど威圧的な言動も受けた。

　なお、県警は、取調官の発言を認めたうえで、自白の強要はなかったと結論づけている。

　身柄を拘束され、それがいつ終わるともわからないなかで、やってもいないことについて、「就職も決まっているなら大事にしたくないよね？」、「認めないと終わらないよ」などと言われたら、本当に怖いと思うし、とりあえず取調べから解放されるため、やってなくても自白しちゃう人だってそれなりにいるのではないでしょうか。筆者なら自白してしまいそうです。ですが、県警は、自白の強要はなかったと結論づけていて、つまり、警察官が自白の強要と考えるハードルはものすごく高い（滅多なことでは自白の強要にあたると考えない以上、思い止まることなくやり切ってしまう）ようですので、やはり、一市民としては、逮捕されてしまったときに、警察官なんだから正義の味方なんだから無茶なことはしないだろう、などと甘くみてはいけない、そのことを肝に銘じる必要があると思います。

▶▶▷実際にあった裁判事例をみてみよう⑯

1　事案の概要

　市役所職員であるＳ係長（40歳代、男性）が、交際相手に心配してほしいと思い、自分に対する襲撃予告を捏造しようと考え、Facebook上に、

231

５回にわたり、市役所職員を襲撃するかのような投稿をしたため、同市役所において、職員の登庁時間帯の間、職員出入口を正面玄関１か所のみとするほか、危機管理課職員を配置、警戒させるなどの対応を行うことを余儀なくされた結果、これら業務に従事した同市役所職員の正常な業務の遂行に支障を生じさせたとして、威力業務妨害の罪に問われた事案（松山地西条支判平成30・２・15D1-Law）です。

2　結論と争点

裁判所は、①一般人が見たときに、投稿内容が市役所職員であれば何らかの対応をとらざるを得ないと思われるものであること、②Ｓ係長自身、捜査段階において、「市役所の業務に何らかの支障が出るということは、私自身も意識していました」と供述していることを理由に、Ｓ職員に威力業務妨害罪の故意を認めました。そのうえで、他人の業務を積極的に妨害しようとした典型的な威力業務妨害の事案と比較すると、相対的に悪質性は低いと評価できるものの、市役所に係長として勤務する公務員であり、市の行政が円滑に遂行されるようにする高度の義務を負う立場であるにもかかわらず、あまりにも軽率で思慮が不足しているといわざるを得ないから、積極的に市役所業務を妨害する意図まではなかったことをＳ係長に有利な事情として過大視できないとして、懲役１年執行猶予３年の判決を言い渡しています。

3　弁護士のひと言

軽い悪ふざけ、市役所が非常態勢を敷くなんて、まさかこんな大事になるとは思わなかった、というのが嘘偽らざるＳ係長の気持ちかもしれません。

振込詐欺の受け子や違法薬物の運び屋の事案で顕著ですが、これって犯罪かもしれない、誰かに迷惑をかけてしまうことかもしれない、そう思ったときに、イヤイヤ、この程度のことで犯罪なんて大袈裟だろう、

「犯罪だとは思わなかった」と弁解すれば問題ないだろうと確たる根拠もなく考え、犯罪行為に及んでしまう人がいます。ですが、そんな勝手がまかり通れば、世の中、めちゃくちゃになってしまいます。

　「犯罪だとは思わなかった」、その言い逃れがどういう理屈で通用しないのかを理解し、軽率な行動はくれぐれも慎むことをお勧めします。

◎事項索引◎

◎判例索引◎

◎執筆者紹介◎

（いずれも直方市役所所属）

【弁護士】

岩田　祐子（総合政策部総務課）

〔経歴等〕1991 年関西大学法学部法律学科卒業、1996 年司法修習生（50 期）、1998 年大阪弁護士会登録、2017 年直方市役所に勤務。大阪弁護士会子どもの権利委員会委員長、近畿弁護士会連合会子どもの権利委員会委員長を務める。

〔著　書〕（共著）『子どもの虐待防止・法的実務マニュアル〔改訂版〕』（日本弁護士連合会子どもの権利委員会編、明石書店、2001 年）

眞鍋　彰啓（市民部保護・援護課）

〔経歴等〕1999 年関西大学法学部法律学科卒業、2006 年司法修習生（60 期）、2007 年千葉県弁護士会登録、2017 年直方市役所に勤務、福岡県弁護士会登録。千葉県弁護士会社会福祉委員会副委員長、同会民事介入暴力被害者救済センター副委員長、日本弁護士連合会貧困対策本部委員、第 56 回人権擁護大会シンポジウム「『不平等』社会・日本の克服——誰のためにお金を使うのか」実行委員、第 80 回民事介入暴力対策千葉大会実行委員等を務める。現在、福岡県弁護士会生存権擁護・支援対策本部委員。

〔著　書〕（いずれも共著）『早わかり！　千葉県暴力団排除条例』（千葉県弁護士会発行、2012 年）、『慰謝料算定の実務〔第 2 版〕』（千葉県弁護士会編、ぎょうせい、2013 年）、『生活保護の実務最前線 Q&A——基礎知識から相談・申請・利用中の支援まで』（福岡県弁護士会生存権擁護・支援対策本部編、民事法研究会、2020 年）

【市民部保護・援護課】

吉崎　英和（保護一係長）
浜田　昌彦（保護二係長）
佐伯　優（援護係長）
小野　剛一（福祉総合相談担当・参事補）
山際はるみ（保護一係）
野見山　明（保護一係）
田代　稔一（保護二係）

失敗事例に学ぶ生活保護の現場対応Q&A

　2021年12月10日　　第 1 刷発行

定価　本体 2,500円＋税

編 著 者　眞　鍋　彰　啓
発　　行　株式会社　民事法研究会
印　　刷　文唱堂印刷株式会社

発売所　株式会社　民事法研究会
〒150-0013　東京都渋谷区恵比寿3-7-16
　　　　　　〔営業〕TEL 03(5798)7257　FAX 03(5798)7258
　　　　　　〔編集〕TEL 03(5798)7277　FAX 03(5798)7278
　　　　　　https://www.minjiho.com/　　info@minjiho.com

ISBN978-4-86556-481-5 C2032 ¥2500E

生活保護の違法・不当な運用を正すための実践的手引書！

生活保護法的支援 ハンドブック〔第2版〕

日本弁護士連合会貧困問題対策本部　編

A5判・467頁・定価3,960円（本体3,600円＋税10％）

▶生活保護のしくみ・基礎知識から、違法・不当な運用を争う際の論点、審査請求・訴訟等の手続について、改正行政不服審査法や最新の判例・実務を織り込み改訂！

▶生活保護開始申請書や審査請求書等の書式（17例）を掲載したほか、裁判例（53件）・裁決例（71件）については事案の内容・意義等を解説したうえで収録しており、実務に至便！

▶生活保護利用の支援に携わる法律・福祉の実務家、自治体関係者等必携！

本書の主要内容

発行　民事法研究会

〒150-0013　東京都渋谷区恵比寿3-7-16
（営業）TEL. 03-5798-7257　FAX. 03-5798-7258
http://www.minjiho.com/　info@minjiho.com

生活保護法の大改正を機に、あらためて生活保護と扶養義務について考える！

生活保護と扶養義務

近畿弁護士会連合会　編

A5判・144頁・定価1,540円（本体1,400円＋税10％）

▶日本における扶養義務の学説・裁判例の状況等を確認し、改正生活保護法における扶養義務と生活保護利用との関係を解説！

▶扶養義務者への調査の範囲についても解説しているほか、扶養義務調査に関するケース記録文例も収録しており、実務に至便！

▶日本における扶養義務の範囲・程度について議論するにあたり参考となる諸外国（スウェーデン、ドイツ、フランス、イギリス、アメリカ）の状況まで紹介！

▶生活保護利用の支援に携わる法律・福祉の実務家、福祉事務所のケースワーカー、自治体関係者など必携！

本書の主要内容

発行　民事法研究会

〒150-0013　東京都渋谷区恵比寿3-7-16
（営業）TEL. 03-5798-7257　FAX. 03-5798-7258
http://www.minjiho.com/　info@minjiho.com

実務で頻繁に遭遇する事例を取り上げ、図・表等を織り込み解説！

生活保護の実務最前線Q＆A
——基礎知識から相談・申請・利用中の支援まで——

福岡県弁護士会生存権擁護・支援対策本部　編

A５判・421頁・定価 4,620 円(本体 4,200 円＋税 10％)

▶生活保護の利用に係る要件、63 条返還・78 条徴収や世帯認定の基準から、相談・申請・利用中の支援までを 100 問の具体的な設問をとおしてわかりやすく解説！

▶設問ごとに、生活保護手帳・別冊問答集、次官通知・局長通知・課長通知の該当箇所が表示されているので、生活保護利用の支援に携わる法律専門家・福祉専門家、自治体関係者等の実務に至便！

▶実務上の留意点、運用の実情を収録した、生活保護の実務運用に最適の１冊！

本書の主要内容

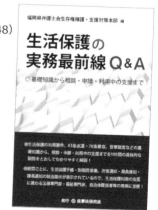

発行　民事法研究会

〒 150-0013　東京都渋谷区恵比寿 3-7-16
（営業）TEL. 03-5798-7257　FAX. 03-5798-7258
http://www.minjiho.com/　info@minjiho.com